LE GUIDE *féministe* DE LA GROSSESSE

Illustration en couverture : © Cécile Dormeau
Un projet apporté par Ariane Geffard.

PIHLA HINTIKKA ELISA RIGOULET

LE GUIDE *féministe* DE LA GROSSESSE

À Anton, Ian et Thelma

Sommaire

Avant-propos 10

Mois 0. Ce ne sont pas toujours les femmes qui veulent des enfants ! 15

Mois 1. Les misconception de la conception 37

Mois 2. Newsflash ! Une femme sur quatre fait une fausse couche 63

Mois 3. Déesse Hormone 83

Mois 4. Holy corps ! 105

Mois 5. Disons que tout change mais que rien ne change. . 129

Mois 6. Voulez-vous coucher avec moi, ce soir ? 149

Mois 7. Inspirer, expirer 169

Mois 8. Délivrez-moi 199

Mois 9. Devenir trois 237

Avant-propos

"Nous ne partons pas en croisade pour l'avortement. Nous nous battons pour que les femmes soient libres de choisir leur maternité."

Gisèle Halimi, 1974

Cher lecteur, chère lectrice,

Le 24 juin 2022, la Cour Suprême des États-Unis a retiré le droit à l'avortement de sa Constitution, reculant vertigineusement sur le sujet des libertés et considérant ce droit non suprême donc, ou plutôt estimant la volonté aléatoire de Dieu plus suprême que celle de chaque individu. Un peu avant eux, en janvier 2021, la Pologne a décidé de n'autoriser l'avortement qu'en cas de viol ou de danger pour la vie de la mère. Et en Slovaquie, au moins onze projets de loi visant à limiter l'accès à l'avortement ont été déposés depuis 2020. "La vérité pourtant est que toutes les femmes avortent, seulement elles ne le disent pas", disait en 1971 Gisèle Halimi, l'avocate des grands procès qui ont bousculé les lois sur l'avortement et criminalisé le viol.

Nous avons beaucoup parlé dans ce premier livre du choix libre et individuel de faire un ou des enfants et nous avons envie de parler ici du choix libre et individuel de ne pas en faire. Car être libre d'être mère, c'est être libre de ne pas l'être. Alors, lorsque notre éditrice nous a annoncé la bonne nouvelle de la sortie en poche du *Guide féministe de la grossesse* et nous a proposé, si nous le souhaitions, de faire des ajouts ou des modifications, nous sommes tombées d'accord. Ce qui avait bougé depuis 2019 et qu'il était primordial de dire et de crier était ce mouvement à reculons des droits d'accès à l'avortement pour toutes les personnes dans le monde. Ce droit a été piétiné, nous rappelant justement qu'il n'est pas inaliénable et acquis, qu'il se gagne sans relâche ni repos.

Dans la célèbre série *The Handmaid's Tale*, adaptée du livre de Margaret Atwood, nous nous souvenons d'une scène poignante dans laquelle la mère de l'héroïne, June Osborne, militante féministe, conclut à la veille de l'apocalypse qui va priver les femmes de l'ensemble de leurs droits fondamentaux : "C'était déjà là." Comme un souffle dans l'atmosphère, un bruit sourd, une rumeur. C'était déjà là, nous savions que ça pouvait arriver.

Ce vent est là. Ne l'oublions jamais. Ne cessons jamais de nous dresser.

À nos avortements, à nos enfants, à nos corps libres, aux choix inaliénables. Qu'ils le soient.

Pihla Hintikka et Elisa Rigoulet,
octobre 2022

Boo "Féminisme" !

Le mot fait peur. Mais qu'est-ce qui se cache au juste derrière ce monstre ? L'égalité et le droit (devoir ?) fondamental de sortir des clichés du genre. Ce qui déterminerait une femme, ce qui qualifierait un homme… Imaginons un instant que nous ne savons plus rien de tout cela.

Maintenant, nous sommes enceintes, nous portons un futur enfant et non, nous ne sommes pas sous le coup d'une illumination puissante qui rapprocherait notre condition de celle d'une sainte dans une représentation religieuse. Comme si le féminisme, pleinement actif sur plusieurs terrains, s'était timidement arrêté aux frontières de la parentalité, qui en constitue pourtant la base, le socle, le lieu où tout prend forme. La grossesse reste un moment "à part", figé. Pendant neuf mois et plus, la future mère est ramenée à ses attributs biologiques, image souvent accompagnée d'une conception du couple conservatrice et hétéronormée, bien sûr, qui enferme la femme et l'homme dans des rôles sociaux qu'ils n'ont pas choisis. Parce que la maternité est intouchable, nous devons être habitées par la joie, évidemment, et surtout par des questions qui ne touchent plus qu'au bien-être de nos futurs enfants. Bonjour l'ennui. Quant aux futurs pères, ils ont le droit d'être habités par peu de choses. Leur présence (très importante) muette (c'est mieux) suffit.

Pourtant, rien de ce que nous sommes ne se fait la malle. Enceintes, nous n'arrêtons pas de travailler, de faire l'amour, d'être déprimées, de sortir avec nos ami(e)s – un peu moins bourrées –, d'être amoureuses, inquiètes, fâchées, de regarder des séries, de fuir nos responsabilités, de vouloir mal bouffer, d'être en retard, d'entreprendre des projets que nous ne finirons pas. Ne sous-estimons pas non plus les désirs de nos conjoints, conjointes, futurs parents eux aussi. Qui ? Ah oui, et quels sont-ils, au juste ? Devenir parent ne remplit aucun trou, ne comble aucun vide, ajoute plein d'incertitudes et apporte du bonheur, mais est aussi un projet qui doit d'abord accompagner les grands changements qui nous définissent en tant qu'humain, en tant que citoyen.

Si nous voulons les femmes et les hommes égaux, nous les voulons égaux partout. Oui, "parent", ce n'est qu'un rôle dans notre vie, mais un rôle qui implique que la réalité dans laquelle nous souhaitons vivre soit aussi celle que nous voulons transmettre. Et ça commence là, enceintes, dans nos relations, dans nos habitudes, dans nos attentes, dans l'équipe que nous formons avec nos partenaires. Ce livre est moins un ouvrage de conseils qu'un ouvrage d'informations parce qu'en la matière, il n'y a pas une manière de faire mais des centaines, parce qu'heureusement, nous ne savons pas tout, même si nous posons beaucoup de questions, et parce que toute expérience est singulière. Seulement, savoir, c'est s'offrir la possibilité d'ignorer les clichés, d'ériger de nouveaux modèles et de sortir, chers parents, des catégories qu'on nous propose d'embrasser. Le monde est vaste, et connaître, c'est choisir en toute liberté.

MOIS 0

Ce ne sont pas toujours les femmes qui veulent des enfants !

“Nous sommes en décembre 2015. Je me lève tôt et pénètre dans la salle de bains la première. L’homme avec qui je partage ma vie depuis presque neuf ans, devenu aujourd’hui mon mari, est rentré tard hier soir. Sur le miroir devant moi, je découvre un Post-it® d'un jaune bien vif collé sous mon nez : “Tu seras une mère fabuleuse. Fais-moi un enfant.”

Certaines de mes amies me disent : “Mais tu ne te rends pas compte de la chance que tu as ! Tu es avec un homme qui veut un enfant, c’est génial !” Oui, parce que ce sont souvent les femmes, paraît-il, qui veulent des enfants et les hommes qui n’en veulent pas, ou plutôt, c’est ce que véhicule la pensée commune. Pourquoi ? Ne serait-ce pas tout simplement parce que l’on ne laisse pas assez parler les hommes sur le sujet ? En fait, le mythe peut s’effondrer très vite si l’on se met à regarder un peu la question depuis leur point de vue. En 2015, le site américain féminin et féministe “Jezebel” publie une étude qui tord le cou à cette théorie. Devinez quoi ?! Aux États-Unis, 80 % des hommes sans enfant en veulent, contre 70 % des femmes. De mon côté, cela fait deux ans maintenant que les signaux se multiplient et que Clément me témoigne son envie pressante de devenir père. “*Please*, ça va être trop bien, tu vas voir !”, “C’est le bon moment” ou alors, au contraire : “Cela ne sert à rien d’attendre plus longtemps, il n’y aura pas de bon moment…” Justement ! Parlons-en, du “bon moment”.

Je me suis toujours dit, un peu sans réfléchir : oui, je veux des enfants, en remettant tranquillement le sujet à plus tard. Et puis le sujet envahit peu à peu ta vie sociale, jusqu'à s'immiscer dans les profondeurs du cerveau de ta moitié avant même de te faire coucou de loin à toi. Lorsque mon amie Pihla est tombée enceinte en 2013, nous sommes allées dîner toutes les deux en sortant du théâtre près de Châtelet. C'était l'hiver et elle portait un pull blanc un peu large, probablement parce que ça se voyait déjà un peu. De son côté aussi, Tom était "prêt" avant elle – nous nous étions d'ailleurs offert un séjour bien mérité à Barcelone quelques mois auparavant dans l'idée que tout pouvait arriver. Elle m'a alors livré une des choses les plus rassurantes que j'aie jamais entendues sur le sujet : "N'attends pas de voir un signe ou de te réveiller un matin avec une épiphanie, ça n'arrivera pas."

C'est donc ça. En matière de bébé, tu te lances ou tu ne te lances pas. Car, parmi toutes les peurs qui m'agitaient à ce moment-là – peur que ma vie change, peur de ne plus pouvoir travailler comme je le désire, peur de m'éloigner de mes ami(e)s, ou peur (la plus étrange de toutes sans conteste) que quelque chose ou, en l'occurrence, quelqu'un s'immisce sans permission dans mon couple et pompe tout d'un coup toute l'attention au point de mettre en danger ma relation –, pesait sur moi une interrogation terrible : à quel moment je décide de me débarrasser de ma plaquette de pilule pour sauter le pas ? En réalité, le désir de l'un ne fait pas toujours le bonheur de l'autre. Et dans ce projet aussi excitant que vertigineux, le plus dur, justement, est d'abord de tomber d'accord.”

Élisa

CE MOIS-CI

Prépare ton corps pour mieux préparer ton esprit

Prends de l'acide folique quelques mois avant d'essayer de tomber enceinte. Tu peux demander une ordonnance à ton médecin ou à ton/ta gynécologue, ou l'acheter directement en pharmacie.

•

N'oublie pas les multivitamines (plusieurs marques existent) et vérifie surtout qu'elles contiennent bien de l'iode, ton meilleur ami à ce stade pour lutter contre les perturbateurs endocriniens – on y reviendra.

•

Fais du sport ! N'importe quel sport, profites-en. Ça fait du bien physiquement et psychologiquement.

•

Fais du poisson ton allié. Les poissons de mer pour l'iode, les plus gras pour les oméga-3.

Si tu es végétarienne, végane ou végétalienne, renseigne-toi auprès d'un(e) nutritionniste pour optimiser ton régime.

•

Si tu peux/veux, diminue ta consommation d'alcool et de cigarettes. Fais une sorte de prédésintox pour te prouver à toi-même que tu peux le faire. C'est bon pour le moral aussi.

•

Fais le test de dépistage de la rubéole et de la toxoplasmose le plus tôt possible. Si tu n'es pas déjà immunisée, tu pourras te faire vacciner contre la rubéole (c'est pour cela qu'il ne faut pas tarder) et, contre la toxoplasmose, tu pourras juste te préparer psychologiquement à faire attention à TOUT ce que tu manges !

•

Rappelle-toi enfin que si tu ne fais rien de tout cela, tu pourras tout de même tomber enceinte. Même sans manger de poisson, sans faire de sport, sans prendre de vitamines, en étant bourrée et sans savoir si tu as déjà eu dans ta vie la rubéole.

CHOISIR D'ÊTRE PÈRE

Le père 2019, présent et heureux !

Imagine : en 1965, le père occidental moyen ne passait que 16 minutes par jour avec ses enfants. Sérieux ?! C'est le temps qu'il faut pour regarder la moitié d'un épisode de *Seinfeld*. Aujourd'hui (et heureusement), ce temps a considérablement augmenté pour approcher les 59 minutes, sauf en France, où la moyenne reste en dessous de 50 minutes. Et bim.

Disons-le, les bénéfices du temps passé avec ses enfants sont indéniables pour l'épanouissement d'un homme. Pour en parler, nous avons rencontré **Johanna Terävä**, chercheuse à l'université de Jyväskylä et spécialiste de la paternité. Elle nous assure que les pères présents et investis dans la vie familiale sont : 1) plus heureux ; 2) moins angoissés ou déprimés ; 3) en meilleure santé physique ; et 4) restent en couple plus longtemps. Merveilleux ! "Aujourd'hui, le rôle d'un père est beaucoup plus vaste que dans les années 1970. Il n'est pas rare de voir un homme pousser la poussette ou aller chercher ses enfants à la crèche. Les mouvements féministes ont poussé les femmes à travailler plutôt qu'à rester à la maison. Cela a naturellement contribué à égaliser le rôle des parents", explique-t-elle.

On imagine souvent que c'est la future mère qui décide de faire un enfant et que c'est également pour cette raison qu'elle devrait en assumer plus les responsabilités. Faux, les hommes aussi veulent des enfants, tu peux nous croire. On devrait davantage leur poser la question et les valoriser dans ce projet commun – savais-tu qu'avant 1970, les pères n'étaient même pas les bienvenus dans les salles d'accouchement ? "On nous a appris que les hommes ne savaient pas exprimer leurs désirs, que c'était un territoire réservé aux femmes. C'est faux. Les hommes en parlent, avec plaisir, même, si on leur en donne la possibilité", affirme Johanna Terävä.

Mais ce n'est pas tout. Il faudrait aussi que les mères donnent plus de place aux pères et leur accordent leur confiance sans être toujours derrière eux. Eh oui… "Être un père présent n'enlève rien à l'identité de l'homme, au contraire. Selon certaines études, un père indépendant est souvent perçu par la femme comme très sexy. Le pouvoir positif de la paternité serait considérable si son désir trouvait la place de s'exprimer. Les études confirment que cela produirait chez les hommes plus de bien-être, offrirait du temps et de l'espace disponible aux femmes et permettrait enfin une relation amoureuse plus heureuse et plus équilibrée." On valide complètement.

Petit bémol, cependant. Soyons honnêtes, la paternité est là pour que les hommes s'en emparent activement, sans que l'on doive les y inviter tout le temps ! "Les hommes acceptent encore volontiers aujourd'hui le monopole de la maternité. C'est toujours une norme qui doit être cassée", confirme Johanna Terävä. Sans blague ?! Il y a là encore un gros effort à faire. "Dans les maternités, on pourrait par exemple réserver des rendez-vous pour que les futurs pères puissent parler de leurs propres attentes et de leurs peurs par rapport à la parentalité. Aujourd'hui, on ne consulte souvent que les mères."

C'est en train de changer, et de plus en plus d'initiatives voient le jour dans les hôpitaux et les cabinets de sages-femmes, mais notre spécialiste va plus loin : "Pourquoi n'offrirait-on pas par exemple une carte-cadeau "thérapie de couple" à tous les nouveaux futurs parents afin de les prémunir de futurs conflits de communication ?" Pour que devenir trois devienne plus facilement un projet à deux.

Être père : fiction ou fonction ?

C'est vrai, le père est souvent d'abord un exemple, un symbole, un référent dans l'inconscient collectif. On parle volontiers de "modèle paternel" dans la structure sociale, mais aussi en psychanalyse, là où on n'invoquerait jamais l'équivalent pour une mère. "Lorsque l'on parcourt la volumineuse *Histoire des pères et de la paternité* (2000), qui laisse une large place au père symbolique, c'est principalement aux sources d'élaboration théorique du père que les auteurs s'attachent. Comme s'il n'y avait de père que fictionnel", écrit Anne Verjus, chercheuse en sciences politiques au CNRS, dans son étude sur "La paternité au fil de l'histoire", parue en 2013. Et le père fonctionnel, alors ?

Tandis que les femmes accouchent, bercent, protègent, rassurent et allaitent – et ce, depuis la nuit des temps –, on trouve bizarrement peu d'intérêt pour une histoire de la paternité concrète... "La paternité est décrite soit à travers le droit, d'abord de l'autorité paternelle, puis de la filiation, soit à travers les sciences biomédicales", poursuit Anne Verjus. Mais au quotidien, à quoi donc peut bien servir un père ?!

Les années 1970 marquent un premier changement en la matière. Avec l'émancipation des femmes et leur rôle grandissant dans la sphère du travail, mais aussi les préoccupations nouvelles d'une génération qui se veut antiautoritaire, antimachiste et psychologisante, le "devenir père" évolue en une question sociale de premier ordre. En gros, les rapports changent entre les hommes et les femmes, donc aussi entre les hommes et leurs enfants.

La vieille figure du père héritée de la conception freudienne cesse alors de nous terroriser pour devenir active et bienveillante. Rien d'étonnant donc que la redécouverte de ce père soit à l'origine de la naissance de la thérapie familiale. Et hop ! Dans le langage, le terme de "parentalité" fait son apparition et renvoie, selon l'édition du *Petit Robert* de 2001, à "la qualité de parent, de père, de mère". Néologisme (traduction du terme *parenthood*) officialisé en France dans les années 1980, il éradique pour notre plus grand bonheur la distinction entre fonction maternelle et fonction paternelle et désigne le fait d'être parent comme une étape nouvelle du développement psychologique. Mais si l'on s'intéresse davantage aujourd'hui au rôle et à la fonction du père d'un point de vue sociologique, on s'intéresse encore peu à ses désirs, et il serait temps de lui demander plus souvent ce qu'il veut.

GROS MOT

Tokophobie

Du grec *tokos*, "accouchement", et *phobos*, "peur", la tokophobie désigne une peur pathologique de la grossesse, et en particulier de l'accouchement, ressentie par certaines femmes et pouvant les dissuader de se lancer dans l'aventure de la maternité. C'est au XVIIIe siècle que la tokophobie a été documentée pour la première fois par le Dr allemand Friedrich Benjamin Osiander. Ses observations trouvent écho en 1858 dans les écrits du Dr Louis Victor Marcé dont les travaux sont communément cités aujourd'hui dans les recherches sur la tokophobie. En 2000, les chercheurs britanniques Kristina Hofberg et Ian Brockington utilisent pour la première fois le mot tokophobia dans un article scientifique.

1,93

c'est l'indice de fécondité par femme en France en 2016. En Finlande, le chiffre était de 1,65, en Suède, de 1,85, en Italie, de 1,43, au Sénégal, de 4,36, aux Philippines, de 2,98, et aux États-Unis, de 1,82.

785 000

c'est le nombre de bébés nés en France en 2016, soit 34 000 de moins qu'en 2014.

1970

ce n'est que dans les années 1970, avec l'augmentation du nombre de naissances à l'hôpital et le développement des technologies en salle d'accouchement, que la demande très occasionnelle du père d'assister à l'accouchement explose. On pense que vivre l'expérience ensemble renforcerait les liens du couple et diminuerait ainsi le nombre de séparations et de divorces. Les féministes, à l'époque, défendent aussi un principe d'égalité : on a fait ce bébé ensemble, donc on va l'accoucher ensemble !

INFO

Charge mentale *versus* charge domestique : la représentation des parents dans la publicité

Certes, la publicité de ces trente dernières années a largement contribué à faire entrer les pères dans la "maison", ou à en faire sortir les mères selon les produits concernés, mais beaucoup de stéréotypes résistent encore aujourd'hui à la parité des genres et, par extension, à la parité parentale. Les femmes peuvent maintenant donner le goûter à leurs enfants en tenue de travail, elles peuvent être en retard, pressées, stressées, mais, dans ce progressisme contrarié, les produits ménagers et/ou agroalimentaires viendraient alors les soutenir dans l'effort domestique, la charge mentale. À l'inverse, les hommes viennent maintenant chercher leurs enfants à l'école, mais d'abord en tenue de travail, bien sûr, et dans une action presque héroïque qui rendrait l'événement exceptionnel ; ils travaillent à la maison, oui, mais au calme devant leur ordinateur ; ils font la cuisine, oui, mais toujours dans une forme de métaphore guerrière, tout pour échapper à l'enfer, la charge domestique. Une progression à rebours, donc, qui émanciperait chacun de son rôle pour mieux l'y contraindre de nouveau.

AU SECOURS, ON VA ÊTRE PARENT !

Constat du mois : nous avons tous peur de devenir parents. C'est vrai, c'est le rôle le plus angoissant du monde. Tu imagines, devoir t'occuper d'un autre individu que toi-même, qui dépend de toi, qui a besoin de toi, dont tu as toute la responsabilité, et ce, pour le restant de ta vie ?! C'est totalement effrayant et c'est normal. Mais finalement, comme toujours, la projection de la peur est bien plus angoissante que la peur elle-même, et c'est pour cette raison précisément que pour mieux tromper la crainte, il est important d'anticiper (un peu), d'y réfléchir (ensemble) et d'en parler. Attention à ceux qui sautent dans le vide sans penser un minimum aux conséquences, aussi vertigineuses soient-elles. Parfois, au contraire, ce sont ces mêmes peurs – irrationnelles – qui nous poussent irrépressiblement à faire des enfants tout de suite : s'ennuyer dans sa relation amoureuse ou subir sa vie professionnelle ne sont pas des raisons pour faire un bébé. De base, faire un enfant aurait plutôt tendance à créer des problèmes qu'à les résoudre... C'est pour cela, sans doute, que certains traînent les pieds plus que d'autres. Ma super relation amoureuse, entière et exclusive, va-t-elle y résister ? Ma *boss* va-t-elle me juger ? Mes amis vont-ils s'éloigner ? Comment *dealer* avec ses peurs, formuler ses désirs et avancer à peu près sereinement vers ce trou noir ?

MERDE ! Il/Elle veut un enfant et pas moi !

On l'a vu, ça arrive plus souvent qu'on ne l'imagine. Fais-le/la patienter. Offre-lui un voyage, incite-le/la à passer son permis, convaincs-le/la d'arrêter de fumer et de passer à la cigarette électronique, trouve-lui un nouveau sujet, donne-lui un bébé provisoire.

Vécu : fais-toi dans ta tête un calendrier des étapes : "pas avant 30 ans ", "pas avant d'avoir terminé mon roman", "pas avant d'avoir fait un voyage à Londres", "pas avant d'avoir réglé ma relation avec ma mère", "pas avant d'avoir demandé une promotion"... On s'est senties beaucoup plus prêtes (s'il est possible de se sentir prête un jour) après avoir défini nos objectifs et décidé de ne pas transiger avec certaines de nos ambitions. Personne ne t'en voudra d'avoir envie d'accomplir certains désirs avant de devenir parent. *Do it.* Sans regrets.

+ : tu gagnes du temps, c'est certain.

– : tu te retrouveras à court d'arguments un jour.

MERDE ! Je veux un enfant et pas lui/elle !

Est-ce qu'il/elle ne veut vraiment pas d'enfant ? Ou est-ce qu'il/elle repousse le moment "parce qu'on a le temps", "parce que la vie à deux, c'est cool aussi", "parce que moins on a de responsabilités, mieux on se porte, parfois"... Et toi, est-ce que tu veux vraiment un enfant ? Ou est-ce que c'est sa résistance à lui/elle qui décuple le désir en toi ?

Vécu : S'il a envie de devenir parent un jour, pas d'inquiétude, il va y venir. On a une amie dans ce cas et sa psy lui dit souvent ceci : “Le désir n’est pas univoque, il est complexe et ne se place pas toujours au même endroit chez deux personnes.” Parle-lui-en peut-être un petit peu moins, il le sentira sans doute un petit peu plus.

+ : tu vas gagner en *self-control.*

– : la patience a toujours ses limites.

MERDE ! On va me juger, au boulot !

Non, c’est toi qui te juges. En réalité, au pire, les gens s’en foutent, au mieux, ils sont heureux pour toi. En fait, il n’y a pas de lien direct entre travail et grossesse, encore moins entre productivité et grossesse ! C’est le poids de l’histoire, des préjugés et de notre éducation qui nous fait penser ça, et il faut s’en défaire. Oui, regardons les choses en face, tu vas devoir t’absenter un moment (ton/ta partenaire aussi, rappelons-le), mais beaucoup disent que l’on est deux fois plus efficace au retour !

Vécu : libère-toi de ce réflexe misogyne et sois au contraire fière de toi, fière d’être enceinte, active et pleinement investie dans tes projets. On n’a jamais été aussi déterminées que lorsque l’on était enceintes – c’est à ce moment-là d’ailleurs que l’on a décidé d’écrire ce livre. Attendre un enfant ne veut pas dire procrastiner. Au contraire ! Attendre un enfant, c’est aussi se recentrer, se concentrer, resserrer ses objectifs.

+ : au travail, on ne te laissera plus faire les tâches physiques qui te saoulaient avant.

– : on va parfois un peu trop te prendre pour une enfant.

MERDE ! Mes ami(e)s vont m'abandonner !

Non, tes ami(e)s ne t'abandonneront pas, mais certaines de tes relations vont changer, oui, voire ne trouveront plus leur place. Ton/ta meilleur(e) ami(e) aura probablement toujours envie de boire jusque très tard le soir et toi, beaucoup moins. C'est le format de vos relations qui va bouger, leurs modalités, pas leur essence.

Vécu : allez, avant de tomber enceinte, prévois-toi un voyage BFF en mode "fin du monde". Tu ne le regretteras pas. Plus jamais, sans doute, tu ne repartiras en vacances la tête aussi légère. Quand, plus tard, tu seras réveillée à 5 h 09 dans la nuit pour allaiter, crevée, désespérée, tu repenseras à ces moments en souriant...

+ : tu apprendras à faire le tri entre ce qui est essentiel et ce qui ne l'est pas.

– : tu y perdras des choses au passage et tu ne te rendras compte que plus tard que ce n'est pas un "moins".

MERDE ! Je vais devenir grosse !

Oui, tu vas prendre du poids. Mais en 2019, le fantasme de Jacques Demy qui voyait les hommes enceints dans *L'Événement le plus important depuis que l'homme a marché sur la Lune* n'a toujours pas eu lieu et on n'a toujours pas trouvé comment faire autrement.

Vécu : tes seins vont littéralement exploser et tes hanches s'élargir. Et on ne parle pas ici de ton ventre... Ton nombril va muter et tu devras dire adieu à la quasi-totalité de tes vêtements. On a nous aussi rangé un à un nos jeans dans nos placards et acheté, désespérées, des soutiens-gorge “de confort” deux tailles plus grandes que d’habitude. On a observé devant le miroir ce corps s’étirer, changer. On s’est senties étranges, tour à tour affamées ou dégoûtées. On a eu envie d’un steak au petit déjeuner ou de chocolat avant d’aller se coucher... MAIS... tes cheveux, ta peau et tes ongles, grâce à tes nouvelles amies hormones, vont te remercier d’avoir changé de régime et d’avoir arrêté de boire et de fumer ! On dit communément qu’une femme enceinte rayonne. Bon, en vrai, il y a une explication biologique à cela. Le résultat n’en est pas moins efficace.

+ : tu as le droit de bouffer. Tu as le droit d’aller trop loin au petit déj’. Les féculents et le pain sont bourrés de vitamines, donc recommandés. Tu n’as pas le droit de faire un régime pendant ta grossesse.

– : tu auras beaucoup de regrets après les repas trop riches...

MERDE ! Je ne sais pas m’occuper d’un enfant !

***Good news* : personne ne sait ! Et, comme tout le monde, tu n’es pas censé(e) tout savoir tout de suite. On ne devient pas parent en un jour. Tu n’es pas angoissé(e) de ne pas savoir conduire une moto ou faire décoller un avion ?!**

Vécu : fonce ! Demande tout ce qui te passe par la tête aux gens qui sont déjà passés par là. Il n’y a pas de question stupide : comment on porte un bébé dans ses bras ? Comment ça marche, l’allaitement ? Comment vérifier si un bébé respire ? Faut-il qu’il dorme sur le dos, sur le ventre ou sur le côté ? Et, plus métaphysique encore : comment le rendre heureux ? Et rassure-toi en te disant qu’il n’existe jamais une seule réponse à ces questions.

+ : les conseils des autres vont te rassurer.

– : les conseils des autres vont t’angoisser.

MERDE ! Je vais perdre ma liberté !

Oui, les jours sans souci sont un peu derrière toi. Tu vas clairement mettre au monde l'inquiétude n° 1 de ta future vie. Mais, en cours de philosophie en terminale, on apprend que la liberté, ce n'est pas faire ce que l'on veut quand on veut, mais que la liberté, c'est choisir…

Vécu : c'est une dimension difficilement mesurable, mais combien de cafés nous avons bus après la naissance de nos enfants en nous disant à quel point c'était absurde de décider un jour de mettre au monde un être que nous pouvions perdre, un être qui allait nous inquiéter, un être qui pouvait souffrir… En vrai, c'est déjà super compliqué tout seul, la vie, alors pourquoi ?! Fais ce que tu as envie de faire, MAINTENANT – ou avant de tomber enceinte, selon l'ambition, ça peut être préférable. Termine ce que tu souhaites terminer. Dors, prends des douches, des bains – pour certains, ça devient une denrée rare, oui. Lis des livres – en entier, bien sûr. Regarde une saison de ta série sans bouger de ton lit sauf pour manger. Embrasse ce repos qui n'appartient qu'à toi, embrasse tout ce qui n'appartient qu'à toi, tous les endroits de la vie où tu n'as encore qu'à t'occuper de toi.

+ : tu vas prendre un coup de *boost*. Si tu as un projet en tête, tu vas le rendre possible avec une efficacité que tu ne te connaissais pas.

– : neuf mois ne suffiront peut-être pas, et la suite pourrait se compliquer un peu niveau rentabilité du temps.

MERDE ! Mon couple ne sera plus jamais pareil !

C'est vrai ! Vous allez "devenir trois". Mais si tu es romantique, pense que c'est le lien le plus indéfectible qui puisse unir deux personnes.

Vécu : si tu es possessif(ve), en revanche, tu as perdu. Il va falloir partager l'amour, c'est sûr, celui que te donne la personne avec qui tu vis, mais le tien aussi. Une nouvelle forme d'importance va tourner autour de ce nouveau venu. Attention, en revanche, à ce que TOUT ne tourne pas autour de cette invasion. En fait, il faut juste se regarder et se dire : "On l'a fait ! Toi et moi ! Ensemble ! Allez, on est une équipe qui gagne ! *Deal* ? *Deal*."

+ : tu es la mère de ses enfants, il est le père/la mère des tiens, ou vice versa et inversement. Tu ne pourras jamais rien y changer, et ça claque !

− : c'est une épreuve pour ton couple, c'est certain, mais on joue pour gagner.

MERDE ! Je ne pourrai plus dormir le matin !

Ah oui, tu dormiras moins. Tes journées commenceront plus tôt, tes matinées te sembleront durer une éternité et tu seras impressionné(e) par le nombre de choses que tu pourras caler dedans. Tu as déjà eu pour bonne résolution d'arrêter de procrastiner ? Eh bien, c'est gagné !

Vécu : dors. Fais des siestes. Juste dors. Tu ne le regretteras pas. Reste au lit sans rien faire et commande des repas en ligne. Réfléchis, médite. Être là, vraiment présent(e) dans chaque moment et situation de la vie quotidienne, est l'un des plus beaux cadeaux que tu puisses t'offrir avant l'arrivée du bébé. Laisser le temps passer est aujourd'hui un super beau souvenir !

+ : ça ne te fera pas culpabiliser. Le rêve.

– : ton corps n'est pas un robot programmable. Tu ne peux malheureusement pas emmagasiner des heures de repos pour après.

MERDE ! Je ne vais pas y arriver !

Si, tu vas y arriver, comme tes parents, tes grands-parents et arrière-grands-parents, même si, on est d'accord, les méthodes et modes de vie ont changé. Heureusement. Si c'est un défaut chez toi, apprends à te faire confiance, tu en auras besoin.

Vécu : lance-toi. Fais-toi confiance (au moins partiellement). Tu réfléchiras après. Finalement, on est toujours debout. C'est le principal, non ? Cela bercera sans doute quelques nuits d'angoisse, mais si des milliards de gens y survivent, pourquoi pas toi ?

+ : ça se passe souvent super bien.

– : ça ne se passe jamais comme on veut, mais le plus du moins, ici, c'est que tu vas gagner en patience, en sagesse et en philosophie.

VEUT-ON VRAIMENT UN ENFANT ?

On nous le rabâche assez : communiquer, communiquer, communiquer. Et, il faut le dire, c'est vrai ! Pour dépasser ses désaccords, il faut d'abord être solides à deux. Voici donc quelques pistes que l'on vous suggère de soulever ensemble avant de vous jeter à l'eau. Interrogez l'autre sur ses désirs dans ce projet, mais n'oubliez pas aussi de dire ce dont vous avez envie, au risque de créer des conflits : “Je te préviens, je ne serai pas la seule à me lever la nuit”, “Je te préviens, je n'ai pas l'intention d'arrêter de travailler”, “Je dois te le dire, je ne veux pas assister à l'accouchement”, “Je dois te le dire, je préférerais avoir une fille.” Comme le suggère notre professionnelle de la paternité Johanna Terävä, la parentalité devrait être un projet social mettant l'accent surtout sur l'équilibre des responsabilités au sein du couple. On n'est finalement pas obligé d'attendre que la machine sociale ou bureaucratique fasse son job, on peut aussi commencer à travailler chez soi. Voici deux listes de questions à aborder avec son ou sa partenaire, deux faces du désir à envisager pour se mettre d'accord. En rose, des questions à poser à celui/celle qui veut des enfants pour tenter de ralentir ses ardeurs. En noir, une petite gymnastique pour essayer de donner envie à celui/celle qui n'en veut pas.

Est-ce que tu veux des enfants ?

Pourquoi es-tu si pressé(e) d'avoir des enfants ?

Qu'est-ce qui te fait peur dans le fait de ne pas avoir d'enfants ?

Quand est-ce que tu envisages d'avoir des enfants ?

Pourquoi veux-tu des enfants ?

Est-ce que tu veux des enfants avec moi ?

Qu'est-ce qui te fait peur aujourd'hui dans le fait d'avoir des enfants ?

Comment est-ce que je peux te rassurer ?

Serais-tu prêt(e) à attendre avec moi ?

MOIS 1

Les *misconceptions* de la conception

“Certains croient à une formule magique pour tomber enceinte. Comme mon mari, par exemple. C’est vrai que je suis tombée enceinte comme ça la première fois. Puis j’ai fait une fausse couche, comme une femme sur quatre. On est partis deux semaines en vacances en Islande et, bien décidés à réessayer, on a littéralement fait l’amour tous les jours. C’était un marathon – un super-marathon – encouragé par Tom, déterminé. Résultat des courses, je suis retombée enceinte. Bon, on a eu de la chance de tomber pile poil dans ma fenêtre.

Chaque mois, chez une femme fertile, en effet, une fenêtre d’ovulation s’ouvre sur quatre jours en moyenne pendant lesquels un ovule est libéré et vit pendant environ 24 heures. C’est là qu’il peut être fécondé. La biologie est essentielle à la reproduction, mais qu’en est-il de la spiritualité ? Il y a toujours eu quelque chose de mystique autour de la fertilité. Il faudrait être au bon moment avec la bonne personne. Ce serait une question de synergie, d'alchimie, d'équation, de compatibilité… Ouais, ouais… Mais au fond, pourquoi pas ? Ma mère, par exemple, a essayé d’avoir un enfant pendant plusieurs années avec son premier mari. Résultat ? Rien. Ils ont fait tous les examens possibles à l’époque et rien n’indiquait qu’il ait pu y avoir un problème. Quelques années plus tard, ils ont divorcé et l’ex-mari de ma mère a rapidement eu deux enfants avec sa nouvelle femme. Bien sûr, ma mère a pensé que tout était de sa faute et qu’elle ne pourrait jamais avoir d’enfant. Puis elle a rencontré mon père. Et bim ! Deux mois plus tard, à l’âge de 40 ans, ma mère était enceinte de moi !

Des histoires comme celle-ci, il y en a plein. Est-ce que l'on peut toujours tout expliquer scientifiquement ? La fécondité est-elle aussi liée au psychisme ? OK, il faut avoir ses règles pour provoquer l'ovulation et un sperme fonctionnel, c'est mieux. Mais est-ce que cela suffit ? Mon mari, lui, va bien plus loin que moi en matière de croyances obscures. Un jour, quand notre fils avait déjà 2 ans, il est rentré avec un document dont le titre annonçait la couleur : "Pour avoir une fille". Sérieux ? D'une, il n'y a pas de formule magique pour faire des filles, et de deux, faire une fille ou un garçon, on s'en fout, non ? "Ça ne coûte rien d'essayer. On parle de 89,9 % de réussite", il m'avait répondu. Oui, c'était une recette pour avoir une fille – il était accroché à l'idée – et, non, pour lui, ce n'était pas une croyance obscure. La formule venait d'une femme médecin reconnue et Tom était convaincu de son efficacité. J'avoue, un frisson de honte m'a légèrement parcourue, mais être deux, c'est souvent une histoire de compromis...

La voici :
2 dragées de Magnéspasmyl® à chaque repas ;
1 cuillerée à soupe de calcium Sandoz à 10 heures et à 16 heures ;
5 gouttes de Stérogyl® au petit déjeuner pendant 10 jours

+ une activité sexuelle normale jusqu'à 2 ou 3 jours avant l'ovulation et une interruption des rapports 2 ou 3 jours avant l'ovulation. Position de pénétration classique. Pénétration peu profonde au moment de l'orgasme.

Ce n'est pas fini... Il était suggéré ensuite une petite douche vaginale acide : 2 cuillerées à soupe de vinaigre d'alcool dans 1 litre d'eau. Et enfin, le meilleur : pas d'orgasme chez la femme.

J'ai immédiatement dit à mon mari qu'on allait renoncer aux deux derniers conseils. Il a approuvé.

Quelques jours après mon ovulation "soupçonnée" – je n'ai jamais utilisé de test d'ovulation, mais toujours simplement compté 14 jours après mes dernières règles –, j'ai senti quelque chose d'étrange. Oui, il y a ça, aussi, je pourrais presque jurer que j'ai eu l'impression de savoir le moment où je suis tombée enceinte de nouveau. Comme en Islande quelques années auparavant. J'ai fait plein de recherches et j'ai lu partout que ce n'était pourtant scientifiquement pas possible. Trois semaines plus tard, j'ai fait un test de grossesse positif. Et trois mois après, l'échographe nous a confirmé que c'était une fille. »

Pihla

CE MOIS-CI

Premiers moments, premiers effets

Ça y est, la fécondation a eu lieu : le spermatozoïde a rencontré l'ovule et tu abrites un vrai petit embryon qui commence déjà à développer ses organes ! Il ne mesure que 4 mm environ. Mais il a déjà un cœur.

•

Tu n'es peut-être déjà plus la même physiquement : tes seins sont tendus, tu as des nausées, des maux de ventre et des sautes d'humeur, mais bonne nouvelle (ou pas), tout ça, a priori, ce sont les hormones !

•

Tu peux avoir des petits saignements à cette période, ils sont généralement liés à la nidation de l'embryon dans l'utérus et c'est tout à fait normal.

•

La taille de l'embryon va presque doubler chaque jour, un peu en mode science-fiction.

•

À la fin de ce premier mois, ses jambes et ses bras commencent à se former.

**Tu peux avoir des envies alimentaires improbables.
Tu peux aussi avoir très envie de faire pipi tout le temps.
Tu peux ne plus avoir très envie de faire l'amour.**

●

Tu peux aussi ne rien sentir de tout ça et être enceinte pour de vrai.

●

Pense à t'inscrire à la maternité. Oui, c'est super tôt, mais dans une grande ville, tu ne dois pas tarder si tu veux avoir une place là où tu as envie d'accoucher. Une clinique n'est pas un hôpital, une maison de naissance n'est pas une maternité, et on ne peut pas accoucher dans l'eau partout !

●

Trouve un(e) gynécologue. C'est lui ou elle qui fera ton suivi de grossesse et te prescrira toutes les ordonnances pour tes examens, ton arrêt de travail, etc.

●

Fais une prise de sang : taux HCG, dépistage rubéole et toxoplasmose (de manière générale, vérifie tes vaccins), VIH, hépatites… et groupe sanguin.

●

**Prends rendez-vous pour la première échographie.
Si ton/ta gynécologue n'est pas équipé(e), tu devras te rendre dans un laboratoire d'examens.
Petite précision, tu peux demander une ordonnance pour faire une échographie de datation ou avant-première échographie.**

1 FŒTUS, 1 000 POSSIBILITÉS

Chers ovules, retrouvons-nous plus tard

"Congélation des ovocytes ?" Tu as entendu l'expression plusieurs fois et tu ne sais pas comment ça marche. Il est grand temps d'y remédier. Temps, oui, parce que tout est une question de temps dans le concept de la maternité, de vieillissement des ovules et de plus tard peut être trop tard. C'est le fameux tic-tac de l'horloge biologique qui te colle la pression. Eh bien justement ! Imaginons un monde dans lequel on peut prélever ses ovocytes en superforme pour les congeler et les utiliser plus tard. C'est le principe de la congélation, ou vitrification, méthode embryonnaire, si l'on peut dire, à laquelle s'est livrée la journaliste **Myriam Levain**, cofondatrice de *Cheek Magazine* et auteure du livre *Et toi, tu t'y mets quand ?*. On l'a rencontrée.

"Cette année, seulement 500 femmes ont eu recours à cette méthode sur 60 millions, cela donne une idée de l'ampleur du phénomène... C'est une poignée de personnes qui l'ont fait ou ont pour projet de le faire en France." Cela explique pourquoi tu n'es pas au courant de toute l'affaire. Commençons par le début : concrètement, qu'est-ce que c'est ? En gros, on te stimule hormonalement pendant la première partie de ton cycle – du premier

GROS MOT

Endométriose

L'endomètre est le tissu qui tapisse l'utérus. Au cours du cycle et sous l'effet des hormones, il s'épaissit en vue d'une potentielle grossesse. S'il n'y a pas fécondation, il se désagrège et saigne : ce sont les règles. Parfois, en raison de plusieurs facteurs (génétiques, immunitaires, hormonaux...), il peut se produire une migration d'endomètre hors de l'utérus, avec une possible propagation dans la cavité abdominale. Cette localisation anormale est due à des lésions composées de cellules qui possèdent les mêmes caractéristiques que celles de la muqueuse utérine et se comportent donc comme elles sous l'influence des hormones. Dans la majorité des cas, l'endomètre se greffe sur l'ovaire et forme alors un kyste (appelé "endométriome"), c'est l'endométriose ovarienne. Dans les cas les plus graves, l'endomètre va se développer sous forme de nodules et atteindre d'autres organes que l'utérus : la vessie, le côlon à différents endroits. Il arrive très rarement que ces tissus remontent via le système circulatoire vers l'appareil respiratoire et ophtalmique. Le grand drame de l'endométriose, au-delà de la maladie, bien sûr, c'est l'errance d'un diagnostic souvent trop tardif et une prise en charge mal coordonnée. En 2016, grâce à une forte mobilisation et une campagne efficace de sensibilisation, l'HAS (Haute Autorité de santé) a inscrit l'endométriose à son programme annuel de recherches. L'objectif ? Améliorer l'approche diagnostique, les modalités de traitement et de prise en charge et l'information aux patientes. Oui, la question mérite d'être posée : tarderions-nous autant à prendre des mesures si l'endométriose était une maladie d'hommes ? Et pourtant, bien qu'elle reste très rare, elle peut sévir chez eux aussi...

jour de tes règles jusqu'à l'ovulation – à base d'une injection par jour, de manière à ce qu'au lieu de produire naturellement un ovocyte, tu en produises idéalement entre 10 et 20. Au bout de quelques jours, on t'injecte une autre hormone permettant la freination, c'est-à-dire la préservation de tes premiers ovules déjà bien développés afin qu'ils ne périssent pas avant la ponction. Puis on ponctionne – sous anesthésie générale ou locale – les ovocytes matures – parce qu'ils n'arrivent pas tous à maturité. Jusque-là, c'est exactement le même principe que pour la FIV (fécondation in vitro), sauf qu'ensuite, au lieu de féconder les ovocytes, on les vitrifie, c'est-à-dire qu'on les congèle.

Cette méthode n'est évidemment pas française ; ses premières utilisations, ou plutôt ses premiers succès, datent de 1999 et viennent de très loin, en Australie. (Il est intéressant ici de noter que les premières fécondations réalisées avec un sperme congelé remontent aux années 1950, 1954 exactement. Bien sûr, il ne s'agit pas de la même méthode et la technique est plus simple, mais on peut quand même se demander pourquoi la recherche et la loi avancent toujours plus vite quand elles concernent les hommes. Fin de la parenthèse.) En Europe, nos voisins espagnols vitrifient depuis 2007 et, en France, c'est en 2012 seulement qu'est né le premier bébé issu d'une vitrification ovocytaire, après un décret d'application voté en 2011. Mais attention, cette pratique est limitée chez nous dans son utilisation aux cas d'endométrioses sévères et de cancers, qui diminuent drastiquement voire éradiquent complètement toute chance de procréer naturellement. *Exit* la convenance, donc, sauf si en échange tu fais don d'une partie de tes ovocytes. On y reviendra.

Ce sujet rejoint donc le grand navire PMA et les débats qui l'accompagnent. Et, comme pour les autres configurations, on part en direction de l'étranger, l'Espagne, Chypre, la Belgique... Mais cessons

INFO +

C'est le spermatozoïde qui décide

Le sexe d'un enfant est déterminé au niveau génétique ou, plus précisément, au niveau chromosomique, dès la fécondation, à la rencontre d'un spermatozoïde venant du père et d'un ovule venant de la mère. Chacune de ces cellules reproductrices, que l'on appelle aussi "gamètes", contient 23 chromosomes, dont un détermine le sexe. Le spermatozoïde peut abriter un chromosome X, féminin, ou Y, masculin. L'ovule, lui, n'abrite qu'un chromosome X. C'est donc le spermatozoïde qui décide du sexe du futur enfant. X + X = fille, et X + Y = garçon.

de parler ici de droit pour parler de pratique. Pourquoi, au-delà de son interdiction en France, cette méthode est-elle si peu connue des femmes et des praticiens, et reste-t-elle à ce point un microphénomène ? La pratique est récente, bien sûr, et les imprécisions nombreuses. "Pour optimiser la méthode, il faut souvent la refaire plusieurs fois. Il y a aussi peu de statistiques de réussite, de chiffres, c'est un début de technique. Les médecins avertissent, ce n'est pas une méthode sûre à 100 %. Parfois, ça peut ne pas marcher au moment de la décongélation...", explique Myriam Levain. Beaucoup de "si", donc, pour une intervention médicale au demeurant assez lourde. "Le message doit rester clair : tant que tu n'essayes pas d'être enceinte, tu ne peux pas savoir si tu peux être enceinte. Parce qu'il y a le contexte, le sperme de l'homme, la compatibilité des deux partenaires... Il ne suffit pas bien sûr de congeler tes ovocytes. Il ne faut surtout pas se dire, ça y est, c'est fait, je vais avoir un enfant, c'est sûr !" poursuit-elle.

Oui, car la disposition psychologique pour avoir recours à l'autoconservation ne peut pas être éludée. Toi, en âge de faire un enfant, tu réalises ou considères que ta situation n'est pas celle que tu souhaites, tu as peur que ton endométriose, même légère, devienne un frein à la procréation si tu attends trop, tu n'as pas trouvé la personne avec qui tu aimerais vivre cette expérience ou tu n'as tout simplement pas envie maintenant, tu es en capacité de te dire tout ça et acceptes, en plus, de te projeter pour te figurer : "Et si j'en avais envie plus tard et que plus tard, c'était trop tard ?" Pas rien, donc. "Pour moi, c'est un plan B, une option intéressante, mais qui ne soulage de rien. Aujourd'hui, à 36 ans + 3 mois, je me dis, intellectuellement, c'est bien de l'avoir fait, mais je ne me sens pas particulièrement libérée. Rendez-vous dans cinq ou dix ans pour voir si ça aura changé quelque chose dans ma vie !" Après, les premiers chiffres sont très encourageants – on a dit "premiers", hein ! –, et les médecins sont obligés de reconnaître qu'ils préfèrent qu'une femme vitrifie à 33, 34 ou 35 ans, plutôt qu'elle se pointe à 42 pour enchaîner des FIV qui n'ont finalement que très peu de chances de succès… "Ce sont des projections qui sont difficiles. Il faut avoir la lucidité de se dire : "OK, je serai candidate à la FIV à 40 ans." Et elle conclut, "Malheureusement, beaucoup de femmes pensent aujourd'hui que tout marche bien encore à 40 ans, ce qui est faux ! Du coup, elles se réveillent un peu tard… C'est pour cela qu'il faut veiller à une meilleure information. L'âge idéal selon les médecins est 33 ans, mais alors, il faut y avoir réfléchi un peu avant… En gros, pour être tranquille, il faut commencer à y penser vers 30 ans, c'est un peu dur, mais ça te laisse le temps que ça échoue."

Rien à faire, on retrouve finalement ici notre cher tic-tac car, mesdames, on aura beau inventer des méthodes, il y aura toujours des décisions à prendre avant péremption complète de nos chers ovocytes : les congeler, les autoconserver, les féconder, les donner. Ne rien faire est un choix aussi. Mais si la parentalité peut être envisagée aujourd'hui – et on se bat pour ! – décorrélée du projet biologique ("J'ai 30 ans, je dois faire un enfant") et du projet social ("J'ai 30 ans, je dois faire un enfant"), si le désir et l'envie l'emportent sur l'âge et les configurations, on pourrait faire de ces choix un devoir de liberté pour tous. Parlons-en.

Deux amis et un bébé

"Quoi ?! T'as fait un bébé avec ton pote gay ?" Sophie non plus ne pensait pas qu'un enfant arriverait dans sa vie de cette manière. Mais voilà, notre amie est enceinte à la suite d'une FIV et en route pour devenir parent avec son ami Ben, homosexuel et en couple depuis plus de dix ans. "Je voulais un enfant, mais pas toute seule. Je voulais que mon enfant ait un père. J'ai été élevée par deux parents et pour moi, ça a été bénéfique. Je voulais donner ce minimum à mon futur enfant."

Avoue, toi aussi tu as pensé que le concept de "coparentalité" désignait seulement les couples qui se séparent et qui partagent encore les tâches parentales. Faux ! Aujourd'hui, la coparentalité est un véritable choix, comme Sophie nous l'explique. Bon, avant cela, elle a quand même essayé d'avoir un bébé avec l'homme avec qui elle était en couple. "À 37 ans, j'étais avec quelqu'un depuis six ans. La dernière année, on a essayé de faire un enfant. Ça ne marchait pas, rien ne marchait plus et on s'est séparés. Puis j'ai rencontré un homme qui avait déjà trois enfants et qui n'en voulait pas plus. Et un jour, j'ai réalisé que j'avais 40 ans. C'est une catastrophe, j'ai pensé. Je suis allée en Espagne pour essayer de faire congeler mes ovocytes, mais c'était difficile de sortir autant d'argent pour ça. Puis j'ai vite fait le tour des mecs célibataires autour de moi, jusqu'à ce qu'une amie me parle de notre ami en commun, Ben. Elle m'a dit que lui aussi voulait un enfant."

INFO *

Donner ses ovocytes

Ah, voilà un autre grand tabou de la PMA, le don d'ovocytes. Tu as 40 ou 45 ans, tu en es à ta quatrième FIV et à ton quatrième échec ; on te propose alors d'avoir recours à un don d'ovocytes. Car le vrai problème de fécondité chez la femme, c'est bien le vieillissement des ovocytes. Si tu n'as pas pensé à conserver, cette solution consiste à prendre les ovules, eux conservés, d'une femme plus jeune. Dans ce cas, le pourcentage de réussite est très fort. Sauf que, point important, ce ne sont pas tes gamètes. Ce qui ressort des premières études sur l'autoconservation est que la plupart des femmes qui ont eu recours au don auraient préféré autoconserver si elles avaient été informées. C'est malgré tout l'un des enjeux majeurs de la PMA aujourd'hui, car on manque beaucoup de donneuses en France – oui, il faut passer par la méthode dont on a parlé plus haut, et donc être sacrément motivée ! L'un des arguments intéressants ici, c'est que si la congélation était autorisée, cela permettrait de créer une banque d'ovocytes pour toutes – il faut savoir que 90 % des femmes qui ont recours à une vitrification ne s'en servent finalement pas.

Ça faisait quinze ans qu'ils se connaissaient et ils s'entendaient toujours très bien. Ils avaient beaucoup d'amis en commun, aimaient tous les deux aller dans des concerts et rigolaient beaucoup ensemble. Bien sûr, Sophie n'aurait jamais imaginé qu'elle ferait un enfant avec Ben ! Puis il lui a dit : "Mon mec ne veut pas d'enfant, mais moi, oui. Meuf, tu es tombée du ciel." Sophie et Ben ont passé beaucoup, beaucoup, beaucoup de temps à discuter. Comment est-ce qu'ils élèveraient cet enfant pour l'instant imaginaire ? Quelles valeurs ils voudraient lui apprendre ? Est-ce qu'ils l'inscriraient dans une école publique ou privée ? Est-ce qu'il aurait accès aux écrans ? Qu'est-ce qu'il mangerait ? Etc. "Ça faisait grandir en nous le désir. Nos discussions avaient déjà créé l'enfant", raconte Sophie. *Next step*, vérifier que tout fonctionnait toujours bien chez Sophie, 42 ans, et Ben, 46 ans. Les résultats des tests de fertilité étaient parfaits des deux côtés. "On n'est pas du tout croyants, mais les résultats étaient si fous qu'on les a pris comme un signe."

Puis, sur un site de *coparenting* américain, ils ont imprimé un questionnaire de plus de 900 questions sur la parentalité qui les a interrogés sur l'éducation, sur les valeurs communes, etc. Si l'on fait abstraction des 900 points d'interrogation, du nombre de pages à imprimer et à signer et de l'aspect administratif de la démarche, ne serait-ce pas quelque chose que chacun devrait faire au moment de s'unir pour devenir parent ? "C'est complètement informel, mais ça nous a rassurés. Si un jour on s'engueulait sur un sujet, on pourrait toujours sortir le bilan et voir ce qu'on avait convenu." Pas con, hein ? Ne sommes-nous pas a priori trop confiants face à la parentalité, juste parce que nous sommes en couple ? Comme si l'union amoureuse, à défaut de la longévité, garantissait la qualité, la valeur. À réfléchir. "Même si ma mère s'inquiétait de savoir si j'arriverais à élever un enfant comme ça, elle m'a dit que ce que je faisais était bien mieux que ce qu'elle avait fait avec mon père. Elle avait 27 ans quand je suis née et, cinq ans plus tard, ils se sont séparés et ça s'est très mal passé." Un essai, puis deux, et Sophie tombe enceinte. La grossesse se passe bien et, quelques mois plus tard, Sophie et Ben prennent chacun de leur côté un taxi direction la maternité. Quand Emma est née, Ben était présent et l'équipe médicale félicitait les parents. "Ben a reconnu tout de suite sa paternité. Je sais qu'on est dans une situation originale, mais on est finalement assez classiques comme parents. Notre fille porte par exemple le nom de son père, et c'est moi qui le voulais."

"Et si tu te mets sérieusement avec quelqu'un un jour ?" lui a-t-on demandé. "J'essaie de ne pas trop y penser. Je sais que ça sera un challenge, mais je vais tout faire pour qu'il ait aussi une place dans la vie d'Emma. Maintenant qu'elle est née, le copain de Ben est aussi très attaché à elle." La coparentalité est illégale en France. Pourtant, le cas de Sophie et Ben n'est sûrement pas une exception. C'est pour cette raison que Sophie souligne qu'il faut bien choisir le contexte et ne pas faire un enfant avec n'importe qui, sans prendre en compte la configuration de la relation des futurs parents. Elle nous invite à imaginer un autre scénario : "Et si j'avais fait un enfant avec un mec qui n'en voulait pas ? Ça aurait été une situation beaucoup plus déséquilibrée, non ? Dans mon cas, je partage mon rôle de parent avec quelqu'un avec qui je partage aussi des valeurs et avec qui, par amitié, on a un respect mutuel." On ne peut répondre que oui.

145 255

c'est le nombre de PMA en 2015 en France sur 66,9 millions d'habitants. En Finlande, ce chiffre est de 13 000 pour 5,5 millions habitants.

16 000

c'est le nombre approximatif de follicules ovariens dans le corps d'une femme de 35 ans. Il est de 65 000 dans celui d'une femme de 25 ans.

3 000

c'est le prix en euros approximatif que coûtent aujourd'hui le prélèvement des ovocytes et leur congélation la première année. Il faut ensuite compter environ 500 euros supplémentaires par an.

180 000

c'est le nombre de femmes dans le monde (entre 16 et 50 ans) touchées par l'endométriose, soit 1/7 femme.

3,1

c'est le pourcentage de bébés nés en 2015 à la suite d'une PMA en France. Ce chiffre est de 6,5 % en Finlande.

80

c'est le taux moyen d'HCG à deux semaines de grossesse. L'HCG, gonadotrophine chorionique humaine, est une hormone sécrétée par l'embryon avant d'être émise par le placenta. Dès le 10e jour de grossesse, elle est détectable dans le sang et, plus tard, dans les urines. Son dosage permet de dater une grossesse. En début de grossesse, son taux double tous les deux à trois jours.

28,5

c'est l'âge moyen des Françaises quand elles tombent enceintes de leur premier enfant. Il est de 29,1 ans pour les Finlandaises et de 28 ans pour les Américaines.

XX

alors que l'on trouve ce chiffre pour les Françaises en seulement quelques clics sur le site de l'Ined, il est beaucoup plus complexe en revanche de trouver l'âge moyen d'un père au moment de la naissance de son premier enfant. On a décidé de souligner cela plutôt que d'éplucher les articles les plus spécialisés et de fouiller les statistiques les plus obscures. Il est de 31,2 ans pour les Finlandais et de 30,9 ans pour les Américains.

75

c'est le pourcentage de chances d'une femme de 30 ans de tomber enceinte dans les 12 mois suivant l'arrêt de sa contraception. Il tombe à 66 % à 35 ans et à 44 % à 40 ans. Les risques de ne pas y arriver du tout sont respectivement de 8 %, 15 % et 36 %.

ON EST ENCEINTE ET PERSONNE NE LE SAIT !

Constat du mois : tu es enceinte. Réfléchis à qui tu veux confier la nouvelle et à qui au contraire tu veux la cacher. Tout le monde te conseille d'attendre les fameux trois mois (date de la première échographie et date à laquelle le risque de fausse couche chute drastiquement), mais il est quasiment impossible de garder l'événement pour soi si longtemps. En vrai, garde en tête que "s'il se passe quelque chose", tu voudras un(e) acolyte avec qui partager ça. Et tu voudras aussi, pendant ces trois mois d'exercices complexes de dissimulation – non, tu ne veux pas le dire tout de suite à ton/ta *boss* ou au pote du pote de ton cousin ou de ton mec, à ta belle-mère... –, avoir un(e) copilote de soirée qui t'apportera discrètement tes bières sans alcool ou boira tes verres à ta place. Dis-le aux gens à qui c'est finalement beaucoup plus simple de le dire que de le cacher. Et, dans le cas contraire, voici quelques situations dans lesquelles on se retrouve toutes et quelques réponses qui pour nous ont marché.

Alcool et cigarettes

En soirée ou au bar

“Désolée, je suis sous antibiotiques”
Décide avant précisément quelle est ta maladie, quel médecin tu as vu et depuis quand tu es malade et n’en fais pas trop, ça deviendrait suspect.

“Oui, un verre de blanc, avec plaisir”
Tiens-le à la main, fais semblant de boire, ce sera le même pendant toute la soirée ; mais souviens-toi que les autres ont bu, eux.

“Est-ce que je peux avoir encore un peu de vin ?”
Non, ce n’est pas toi qui l’as bu, c’est ton mec, ton/ta pote, ou c’est toi qui l’as discrètement jeté dans l’évier – là, *please*, sois sympa et ne prends pas le meilleur.

“Oui, je veux bien un mojito”
Oui, les virgin mojitos existent, il faut juste que ce soit toi qui le commandes.

“Désolée, je suis en lendemain ”
Imbattable si tu prévois bien ton scénario de la soirée de la veille. Attention, tu étais avec des gens que tes amis de ce soir ne connaissent pas, bien sûr.

“Désolée, j’ai un important RDV de boulot demain matin”
Si on est samedi, ça peut être ta grand-mère...

“Désolée, je suis dans ma semaine détox”
Ça ne marche que si tu as l’habitude d’en faire ; si tu es addict au McDo, choisis une autre option.

“Désolée, j’ai sport demain matin”
Pareil que pour la détox, si tu n’as jamais fait de sport, laisse tomber...

Pour les cigarettes, c’est plus facile

“Non merci, j’essaie d’arrêter, je suis en train de lire *La méthode simple pour en finir avec la cigarette* d’Allen Carr. Extraordinaire. Tu l’as lu ?”
Si tu reprends après ta grossesse, il s’avérera juste que ça a été un échec.

Bouffe et café

Au restaurant

“Ah non, pas de japonais, j’ai mangé des sushis, hier”
Efficace.

“Désolée, je suis intolérante aux huîtres depuis Noël dernier”
Si tu es connue pour être une grande fan de *seafood*, propose d’emblée une autre option de restaurant, plus *safe*.

“Désolée, je ne mange plus de foie gras. C’est éthique”
À l’heure du veganisme, personne ne va questionner ton choix.

À l'apéro

"Ah, désolée, j'ai déjà mangé"
ou **"Désolée, j'ai un dîner après"**
Le supplice fromage/charcuterie/vin rouge auquel tu n'as pas droit... Si tu essayes de faire le tri fromage pasteurisé ou non, jambon cuit, cru ou fumé, tu es grillée.

Tu peux aussi gagner du temps pour laisser le buffet se vider de lui-même (la torture sera moins forte) : tu as un coup de téléphone à passer, tu vas aux toilettes ou tu as oublié un truc dans ton manteau ou dans ton scooter et bim ! Quand tu reviens, le saucisson a disparu et toi, tu es sauvée.

Au bureau

"Non, pas de café, merci, j'essaie d'arrêter la cigarette et ça me donne envie..."

"Non, pas de café, merci, j'en suis à mon 5e"

"Non, pas de café, merci, j'ai trop de travail"

"Non, pas de café, merci, c'est nouveau, mais ça m'empêche de dormir"

Nausées et flemme

Partout

"Merde, j'ai mangé un truc qui passe pas je crois"
Ne nie surtout pas avoir vomi, ça ne sert à rien, tu peux tout à fait avoir mangé un truc pas cool ou chopé une gastro. Important : prends de bons petits déjeuners et emporte des petits trucs à grignoter, amandes, fruits ou barres de céréales pour t'aider à survivre.

"Désolée, j'suis crevée, je sors d'une grippe"
ou **"Ce doit être la pleine lune"**
Ça dépend de ton tempérament ou de ce que les gens connaissent de toi.

"Désolée, je ne vais pas venir à la barre au sol ce soir, je crois que j'ai chopé un truc"
En gros, tes ami(e)s vont penser que tu es toujours malade ; si tu l'es souvent, ça passe, si tu ne l'es jamais, va falloir trouver autre chose.

"Désolée, je ne vais pas sortir ce soir, j'ai trop bu hier"
Retour à la case "Alcool et cigarettes".

Autre option, ne sors plus, invente-toi un projet très prenant au boulot et évite de voir les gens les plus susceptibles de te griller.

? Même si tu es grillée, il y a toujours des moyens de s'en sortir

"T'es enceinte, ou quoi ?"

Ris aux éclats (avec maîtrise), genre c'est la plus grande aberration que tu aies jamais entendue.

Ris légèrement : **"Oui, c'est ça, évidemment, haha"** et change vite de sujet.

Ris très légèrement : **"J'espère que non ! Ça serait vraiment une catastrophe !"** (N'en fais pas trop non plus.)

"Quoi ? Tu trouves que j'ai grossi !? Sympa."

Mens carrément : **"Impossible, car je n'ai pas fait l'amour depuis des mois, eh oui..."** (Prépare-toi à une discussion sur le sexe du coup, mais tu viens de détourner magistralement l'attention.)

EST-CE QU'ON VA Y ARRIVER ?

Si tu dis à ton (ou ta) gynécologue que tu essaies d'avoir un enfant, il/elle va probablement te donner un congé d'un an avant de retourner le/la voir, congé pendant lequel il/elle ne voudra pas du tout entendre parler de toi. Douze mois, c'est en effet la durée d'attente moyenne d'un couple avant d'avoir le droit de s'inquiéter (75 % des femmes de 30 ans tombent enceintes dans les 12 mois suivant l'arrêt de leur contraception). Ça, ce sont les chiffres, et puis il y a la vie. En vrai, tu vas t'inquiéter quand tu vas t'inquiéter, probablement pas au même moment que ton/ta partenaire et probablement pas de la même manière si tu as 28, 36 ou 42 ans. Socialement, l'expectative est également compliquée. Il y a ceux qui te disent que ça a marché tout de suite, ceux qui attendent depuis quatre ans, ceux qui te disent de faire l'amour plus souvent ou de te détendre parce que tu es trop stressée. Tu serais probablement surprise – si tu en parlais plus librement – de découvrir le nombre de personnes qui s'interrogent sur le sujet ou qui souffrent de cette situation. Tu serais étonnée d'apprendre que ton/ta partenaire a beaucoup plus de questions qu'il n'y paraît.

Est-ce que tu prends toujours du plaisir quand on fait l'amour ?

Comment tu te sens par rapport au fait que ça n'arrive pas ?

Que pourrait-on faire pour que faire l'amour ne devienne pas un exercice militaire ?

Qu'est-ce qui nous rappellerait que d'abord on s'aime ?

Est-ce que ça te blesse ?

Après combien de temps se décide-t-on à faire les tests ?

Est-ce que ça t'inquiète ?

Est-ce que tu as peur que ce soit de ta faute ?

Est-ce que tu penses que c'est ma faute ?

MOIS

2

Newsflash !
Une femme sur quatre fait une fausse couche

“Il est 1 heure du matin. Je suis cachée sous la couette, les yeux rouges de regarder depuis des heures le trop petit écran de mon téléphone.

1re recherche Google : “Pas d’embryon visible 1re échographie”. Les résultats tombent > juste une vésicule vitelline ou “sac” > œuf clair ou “sac vide” pour les plus avertis...

OK, maintenant, je suis inquiète !!! Je suis tombée enceinte en novembre 2016. Premier rendez-vous chez ma gynécologue, 1re échographie : “L’embryon est très petit, mais rien d’inquiétant pour le moment.” Par précaution, par acquit de conscience, par sécurité, et si jamais je suis inquiète (moi ?) et que je veux me rassurer, elle me confie une ordonnance pour une seconde échographie (de contrôle). Déjà, c’est un homme qui m’accueille, déjà, je ne le connais pas, déjà, il ne me rassure pas. Je suis à 5 semaines de grossesse. Il voit un embryon de 6 mm. Ouf, élimination de l’hypothèse de l’œuf clair. Deux semaines de recherches internet intensives balayées en quelques secondes. En revanche, monsieur ne décèle aucune activité cardiaque. Et, magistralement, alors que je suis en train de me rhabiller, il m’achève : “Soit on va avoir un cœur d’ici quelques jours, soit votre grossesse s’est arrêtée.” De retour à la maison, je rechute.

2e recherche Google : "À quel stade perçoit-on le cœur d'un embryon ?" Les hypothèses pleuvent.

"Bonjour tu es a 6sa mais peu etre a tu ovuler plus trad que tu ne le pense et que du coup tu es a 3sg et non 4 et dans ce cas c normal que le coeure ne batte pas encore… t inquiette pas trop et attent"…

STOP. Mais pourquoi je lis ce genre de merde ? Au-delà de leur dimension absolument zéro *accurate* et du niveau médiocre des informations qui y circulent, les blogs ou forums dédiés à ces questions s'octroient le droit d'inventer un lexique digne de la plus grande bouffonnerie pour enfant, infantilisant la femme, limitant son intelligence et sa capacité à nommer les choses, rendant niais le projet de faire un enfant. Je renvoie ici au livre de Renée Greusard, *Enceinte, tout est possible*, qui, au-delà de m'avoir fait hurler de rire, a brillamment illustré à travers son glossaire ce monde merveilleux où une gynécologue est une "gygy", un embryon un "brybry", une pilule une "lulu" selon la même logique, et un fœtus un "Bébé" ou "BB", petit roi qui s'est affublé d'une belle majuscule. Rester sans savoir m'est insupportable, ce que je lis sur le Net ne me suffit pas, j'ai besoin d'aller plus loin. Je pourrais faire une prise de sang pour déterminer mon taux d'HCG, meilleur indicateur de l'avancée d'une grossesse. Je fume une cigarette. 4 656 est le chiffre que je reçois via un PDF verrouillé sur mon téléphone.

3e recherche Google : “Taux bêta-HCG grossesse”. Et les tableaux déferlent. Entre 3 300 et 80 000 > 4e semaine de grossesse.

Au téléphone, j’entends à peine la femme du laboratoire : “... En réalité, ça ne dit pas grand-chose, il faudrait refaire la prise de sang dans quelques jours, c’est l’augmentation du taux qui est significative...” À côté de moi, ils font griller des saucisses. L’odeur de graisse m’écœure. Je suis toujours enceinte. Deux jours après, j’ai mal au ventre, je commence à saigner, un peu. J’ai fait une fausse couche le lendemain. J’ai eu des tiraillements dans le bas du ventre, puis, le soir, dans les toilettes d’un bar où je partageais un Perrier® citron avec une amie, j’ai eu des saignements importants. C’était la fin de cette aventure. J’ai eu envie de pleurer et de passer très vite à autre chose. Je suis passée directement au vin. Le jour suivant, dans le cabinet de ma gynécologue, j’ai eu l’impression de revenir d’un pays lointain, d’avoir pris de la drogue et d’atterrir juste. Elle me rassure : 1 femme sur 4 fait une fausse couche, ça arrive, souvent. Puis elle me donne son numéro de portable. Dorénavant, quand j’ai une question, je lui écris un texto. Cela m’évite d’approcher de nouveau ces communautés qui ont l’air de se chercher des parents plutôt que des professionnels et dédramatisent des situations réelles à grands coups de mots “mignons”, quitte à raconter un maximum de conneries.”

Élisa

CE MOIS-CI

Bienvenue Fatigue, bienvenue Nouveau Cœur

Tu pensais que tu étais fatiguée pendant ton premier mois de grossesse ? Eh bien non, tu peux multiplier ta fatigue par deux, ça te donnera une idée.

•

Bonne nouvelle : cette fatigue vient du fait que tu es en train de fabriquer les paupières de ton futur bébé.

•

Ça y est, on ne parle plus d'"embryon" mais de "fœtus". Il développe son nez, ses yeux, sa bouche et ses oreilles.

•

Tu peux croire que ton ventre s'est déjà un peu arrondi, mais en vrai, il s'agit souvent juste de ballonnements, on est désolé. Tu es probablement constipée ou bien tu as parfois des crampes et une sensation bizarre dans le ventre.

•

Ton fœtus commence à bouger ! Non, tu ne le sens pas...

•

Le fœtus commence à développer ses articulations des coudes et des genoux.

•

Les bourgeons dentaires se forment. Ton fœtus a déjà une langue.

Tu as peut-être beaucoup de salive dans la bouche. Ça s'appelle l'"hypersalivation". Mange des chewing-gums.

Boom, boom, boom. Le cœur du fœtus a doublé de volume et se cloisonne. Ses quatre cavités sont maintenant visibles et on peut entendre le battement.

L'ossification de son squelette a commencé, du cartilage se forme. Les doigts et les orteils aussi.

Tu as toujours mal aux seins ? C'est normal. Tes veines deviennent plus visibles et tes aréoles s'élargissent.

Ton utérus appuie sur ta vessie. Tu devines la suite...

Le col de ton utérus se ramollit et devient plus souple.

Pendant ce 2e mois de grossesse, la taille du fœtus passe de 5 mm à environ 3 cm. Fou !

Le fœtus pèse environ 2-3 g. Il a des prémices d'intestins, d'estomac, de poumons et d'hémisphères cérébraux.

La tête du fœtus représente la moitié de son corps.

Lors d'une pré-échographie, tu pourras voir que, aussi petit soit-il, ton fœtus commence à ressembler à un humain. Flippant !

FAUSSE COUCHE OU FAUSSE INFORMATION

Qui étais-tu, fœtus ?

“Oh, ça va, c’était qu’un mini-truc, un mini-rien du tout. Allez, passe à autre chose !” On se le dit beaucoup et on l’entend partout après une fausse couche. Malheureusement, peu importe combien de temps ce fœtus a existé, sa perte peut faire mal, car il y a en effet autant de fausses couches que de futurs parents. On a rencontré la pédopsychiatre et psychanalyste **Marie-José Soubieux**, spécialiste du suivi psychologique de la fausse couche, de la mort prénatale spontanée ou par interruption médicale de grossesse (IMG). Et elle est d’accord avec nous : “Ce qui est important, en fait, c’est ce que représentait ce fœtus pour cette femme ou pour ces parents.”

Alors, parlons justement de cette représentation. Il y a des femmes qui viennent juste de faire un test de grossesse et qui ont déjà l’impression d’attendre un bébé, et d’autres qui jusqu’à la fin ne se sentent pas vraiment enceintes. Les échographies jouent bien sûr un rôle important dans leur construction, dans la mesure où elles sont chaque fois une rencontre de plus avec le fœtus. Mais il n’y a pas que ça. Dans le groupe de mères qu'anime toutes les semaines Marie-José Soubieux, viennent parfois des femmes qui ont fait ce que l'on appelle des "fausses couches" et qui se sentent illégitimes devant des mamans qui ont perdu leur bébé à 5 mois, 7 mois ou parfois 9 mois. Pour elles, elles ont véritablement perdu un bébé même s'il s'agit d'un terme précoce. Pour d'autres, la situation est inversée. Elle nous raconte : "Je me souviens d'une maman qui est venue après une IMG à 5 mois et qui m'a dit : "Je viens parce que ma gynéco m'a dit de venir, mais moi j'ai fait mon deuil, tout va bien." En fait, à force d'écouter les autres mamans parler, elle s'est rendu compte qu'elle avait perdu un bébé. Et, paradoxalement, petit à petit, elle a donné vie à ce deuil. Au départ, ce n'était qu'une intervention médicale, et puis c'est devenu un bébé." Le vécu lui-même de la fausse couche a donc aussi le droit de bouger. On peut vivre l'expérience paisiblement en se disant : "Ce ne sont que des cellules" pour pouvoir avancer (mais cela peut être une stratégie de protection) ou en tirant la chasse d'eau des toilettes sans dire au revoir (mais cela peut être un traumatisme). Comme le souligne Marie-José Soubieux, "parfois, on refuse d'en parler parce que le deuil est impensable, mais ce n'est pas pour cela qu'il ne va pas y avoir un retentissement psychologique par la suite. Le suivi psychologique permet de revenir sur un vécu, de reparler de cette mini-vie qui a existé. Car on ne peut pas contrôler la gravité des traumatismes." Ni la quantifier d'ailleurs. La fausse couche est une expérience singulière et la réaction de chaque femme aussi. "Certaines femmes parlent de la sensation d'avoir perdu des morceaux d'elles-mêmes."

Que tu vives une fausse couche spontanée ou médicalisée, une chose certaine lie malheureusement les deux expériences : ta solitude. Notre psychanalyste nous explique : "Elles sont au travail parfois, elles perdent du sang, elles comprennent bien ce qui se passe mais ne savent pas quoi faire." Puis elle relativise : "Mais quand j'ai commencé à travailler il y a 25 ans, il n'y avait aucun suivi, rien ! Les femmes perdaient leur bébé à 8 mois de grossesse et on leur disait : "Madame, vous en ferez d'autres." Maintenant, il y a quand même un accompagnement tout au long de la grossesse et de plus en plus de psychologues dans les maternités. Il reste néanmoins encore un gros travail à faire. Les femmes doivent pouvoir faire un deuil à la hauteur de leur représentation de la grossesse malgré la banalisation d'une partie du corps médical." Et les conjoint(e)s alors ? Qu'est-ce qu'on en fait ? "Souvent, nous confirme Marie-José Soubieux, les pères se sentent très exclus. Pour l'homme, tout se passe dans la tête, la perte d'un fœtus ou d'un bébé est un concept. Et puis ils veulent souvent se montrer forts socialement et ont du mal à s'autoriser à souffrir." D'autre part, ils ont aussi peur de perdre leur femme dans cette expérience. "J'ai connu une femme qui avait perdu deux bébés et qui me disait : "Dans la rue, je me sens comme un fantôme." Je lui répondais : "Oui, c'est pour vous sentir plus proche de vos bébés." Et elle me répliquait : "Oui, c'est comme si j'avais envie de les rejoindre." Tout ça, ce sont des mouvements inquiétants parfois mais terriblement normaux."

Fou ou pas, grave ou pas – ce n'est donc pas grave si tu as envie de banaliser cette expérience banale pour mieux la dépasser –, l'important est de laisser chaque parent vivre ça à sa manière. Que les réactions, émotions, sensations puissent être dites et partagées. Ce n'est malheureusement pas encore assez le cas pour certaines femmes, qui se voient être le sujet de considérations médicales, biologiques et juridiques, et ne se voient offrir que peu de soutien psychologique. Quant aux hommes, alors que les groupes de parole de futurs papas se remplissent un peu dans les maternités, on ne les encourage pas assez à en discuter. Ils sont encore trop exclus d'une expérience de maternité qui serait juste féminine. Rendons légitime l'expérience de chaque parent.

Le vrai du faux de la fausse couche

Déjà, on déteste l'expression. Selon Marie-José Soubieux, psychologue, "le terme "fausse couche" évoque d'emblée quelque chose de très blessant pour les femmes. La fausse couche serait un brouillon, un échec." En réalité, on ne le dit pas assez, mais elle concerne presque 15 % des grossesses ! Les fausses couches décrivent un avortement spontané survenant dans les cinq premiers mois de la grossesse. Elles peuvent être précoces – celles dont on va parler ici ont lieu majoritairement entre 6 et 8 semaines d'aménorrhée – ou tardives – les cas sont beaucoup plus rares à mesure que la grossesse avance et les causes complètement différentes. Alors que, dans la plupart des cas, la fausse couche est liée à un facteur génétique et donc inévitable, le phénomène social et le sentiment de doute, voire de culpabilité, en demeurent tout autres.

La cause n° 1 de la fausse couche, on la doit à la nature – qui est bien faite – et à un principe dit "de sélection naturelle". Il s'agit d'un problème chromosomique (un chromosome ou trois à la place de deux) qui empêche le développement et la viabilité de l'embryon, que la femme expulse alors. Les anomalies de l'utérus (malformations utérines ou béances du col) peuvent en être une deuxième explication. Attention, ces cas n'excluent pas la possibilité d'une grossesse à venir. Des traitements existent et, en fonction du degré de sévérité du diagnostic, une opération chirurgicale est parfois possible. Autre cause potentielle, les anomalies hormonales : pas assez de progestérone ou trop de testostérone qui viennent dérégler la machine. Là encore, des traitements adaptés peuvent venir rétablir l'équilibre. Et, enfin, les "causes générales", vague étiquette qui veut un peu tout dire et n'importe quoi et qui te fera toujours douter de ton degré de responsabilité dans le processus. Les risques modifiables *versus* les facteurs qui ne le sont pas : la trilogie tabac-alcool (même poison)/obésité-diabète-hypertension (même combat)/café (super méchant en France, puisque la caféine accroîtrait le risque de fausse couche même avant la conception – autant dire que, où que tu en sois dans ta vie, commence par arrêter le café ! –, alors que certains pays comme la Finlande, par exemple, le mentionnent plus timidement comme facteur de risque...).

GROS MOT

Œuf clair

L'œuf clair, aussi appelé "œuf blanc", est un œuf issu de la fécondation d'un ovule par un spermatozoïde, mais qui n'entame pas le processus de division cellulaire menant à la formation de l'embryon. On dit que l'œuf est "vide". À l'échographie, le sac gestationnel ne contient rien. L'avortement de l'œuf clair est souvent spontané, mais peut aussi être provoqué par des médicaments ou par un curetage chirurgical en fonction de l'avancée de la grossesse. Assez fréquent, l'œuf clair n'empêche en rien une grossesse future. Les causes du phénomène sont mal connues, mais on parle d'anomalies chromosomiques, hormonales ou immunitaires. L'échographie est la seule façon de détecter l'œuf blanc, les signes normaux de la grossesse étant tous présents. Une échographie à partir de la 5e semaine de grossesse ou un examen des dosages HCG peuvent être prescrits afin d'éliminer l'hypothèse de l'œuf clair.

Mais bon, quand tu commences à t'enfoncer dans le flou au point de ne plus savoir quoi croire, il ne faut pas oublier que ces grands principes sont à prendre avec des pincettes. Oui, tu peux mener à terme ta grossesse même si tu es diabétique, et ce n'est pas la cigarette que tu as fumée ni même le verre de vin que tu as bu qui vont te provoquer une fausse couche. Tout est une question de mesure, mais aussi de singularité et, comme l'échelle de la mesure dépend de chaque individu, tout est relatif et rien n'est mesurable... À ces inconnues s'applique donc le principe, lui bien connu, de précaution et de compléments multivitaminés qui, selon de nombreuses études, réduiraient quand même le risque de fausse couche de près de 55 %.

Cependant, *WARNING*, mesdames, nous ne sommes pas les seules concernées. Selon une étude américaine publiée en mars 2016 dans la revue *Fertility and Sterility*, le fait de consommer du café, par exemple, dans les semaines qui précèdent la conception, est aussi péché chez le partenaire. “La consommation de boissons caféinées par l'homme qui conçoit l'enfant est tout aussi fortement liée que chez la femme à la perte du fœtus”, pointe le Dr Germaine M. Buck Louis, chercheur à l'Institut national de la santé de l'enfant et du développement humain et principal auteur de l'étude. De quoi rétablir l'équilibre des responsabilités.

À CHACUNE SA FAUSSE COUCHE !

Constat du mois : il y a des choses à ne pas dire à une femme qui a fait une fausse couche. “Ce n’est rien”, “T’en feras d’autres”, “Ça arrive à tout le monde”, “Ça ne se voyait même pas”, “Estime-toi heureuse déjà d’être tombée enceinte”. Plutôt que d’y répondre – et toi, auteur de ces conneries, plutôt que d’en rajouter –, voyez-vous, écoutez-vous, prenez un moment ensemble, et plus précisément allez boire des verres, allez voir un concert, partez en week-end... Où que tu sois, troque ton Perrier® contre un verre de vin blanc ou peu importe, fais ce qui te fait plaisir, fais-TOI plaisir. ET, en matière de plaisir, on est tous différents. Avec le recul, voilà ce qu’on aurait pu faire, ou rêver de pouvoir faire pour se soulager.

Jour 1 CRIE

Va dans un concert ou mets la musique très, très, très fort chez toi pour pouvoir crier ce que tu veux en paix.

Jour 2 BOIS

Appelle ton ami(e) qui déteste les gosses et abordez ensemble le sujet de la surpopulation et les conséquences d'avoir des enfants pour l'écologie.

Jour 3 PLEURE

Embrasse ta gueule de bois et laisse-toi faire en regardant des rediffusions de *En immersion à la maternité.*

Jour 4 COURS

Va courir dans la nature jusqu'à épuisement (là, il faut déjà avoir un petit quelque chose pour le sport, être en forme et aimer prendre l'air).

Jour 5 ARRÊTE

Offre-toi une journée pour ne rien faire. Prends un bain, regarde le plafond, crie, bois, pleure et cours, combine les quatre jours précédents dans tous les sens et à l'envers.

Jour 6 PARS

Pars en voiture à la campagne, prends un train ou un avion, pars sans prévenir personne et sans dire à quelle heure tu vas rentrer.

Jour 7 FAIS L'AMOUR

Fais l'amour toute la nuit parce que justement tu n'as pas encore d'enfant et que tu n'es pas fatiguée, et parce que si tu le souhaites, c'est un moyen de replonger dedans.

QUE FAIT-ON POUR AVANCER ?

Une fausse couche ne veut rien dire. On en a déjà parlé. Ce qui compte, c'est ce que toi tu as, vous avez placé dans cette attente, cette grossesse, et qui n'est plus. La question, c'est ce qui te, vous culpabilise, ce que tu vis, vous vivez comme un échec ou pas, ce que tu as, vous avez envie d'oublier ou d'endeuiller. La fausse couche, c'est VOUS. Oui, c'est le corps de la femme qui endure la dimension physique de l'expérience, les contractions, l'expulsion, le sang, les hormones, les interventions médicales, mais c'est aussi en excluant l'autre du processus, en l'occurrence les conjoint(e)s, que l'on renforce le clivage, concède à les déresponsabiliser et à nous culpabiliser. Eux aussi vivent des fausses couches, eux aussi ont des questions, eux aussi ont besoin d'en parler, et pour eux aussi, c'est difficile. Parlez-en, écoutez-vous, faites-vous de la place, avant de peut-être vous lancer à nouveau. Prouvez-vous qu'il n'y a rien dans cette expérience que vous ne pouviez partager.

Est-ce que tu crois que c'est ta faute ?

Est-ce que tu as l'impression que c'est ma faute ?

Est-ce que tu as l'impression d'avoir échoué ?

Qu'est-ce que je peux faire pour toi ?

Est-ce que tu es déçu(e) par moi ?

Qu'est-ce que tu as l'impression d'avoir perdu ?

Quelles étaient tes attentes par rapport à cette grossesse ?

Est-ce que tu as peur que ça ne marche pas de nouveau ?

Raconte-moi, comment ça s'est passé pour toi ?

Est-ce que tu as envie qu'on réessaye ? Quand ?

47 000

c'est en 2017 le nombre de décès dans le monde causés par des avortements non sécurisés.

6-8

c'est le nombre de semaines d'aménorrhée durant lesquelles le plus grand pourcentage de fausses couches a lieu.

500

c'est le poids minimal, en grammes, du fœtus pour être déclaré à l'état civil en cas de mort *in utero*.

14

c'est le nombre de semaines d'aménorrhée avant lesquelles l'avortement est autorisé en France (IVG).

1,5

c'est le nombre de litres d'eau par jour qu'une femme enceinte doit boire pour être au top.

39,5

c'est le pourcentage de femmes dans le monde qui ont un accès total à l'avortement.

22

c'est le nombre de semaines d'aménorrhée à partir duquel L'OMS recommande le recensement systématique d'un enfant dans le cas d'une mort *in utero*. La plupart des pays européens suivent ces prérogatives. Dans un décret ministériel de 2008, la France prend néanmoins ses distances avec ces recommandations. Depuis, les parents sont libres de déclarer ou non le bébé mort-né sans aucun délai imposé et sans tenir compte de l'âge gestationnel sur présentation d'un certificat d'accouchement.

2,6

c'est en millions le nombre de morts *in utero* dans le monde selon l'OMS. Le recensement n'étant pas obligatoire, ces chiffres sont très compliqués à mesurer. La plupart des cas se produisent en Asie du Sud et en Afrique subsaharienne. Presque 50 % des cas de mortalité se produisent pendant que la femme accouche. Ce chiffre reflète bien sûr la possibilité d'accès aux soins des femmes.

15

c'est le pourcentage approximatif de fausses couches spontanées ou médicalisées avant 35 ans. Ce chiffre passe à 18 % entre 35 et 39 ans, à 34 % entre 40 et 45 ans et à 53 % au-delà de 45 ans. Ces chiffres sont des estimations, le taux de fausses couches étant particulièrement élevé pour des aménorrhées très courtes (moins de 10 jours) et donc presque impossible à diagnostiquer.

3

c'est le nombre de fausses couches à partir duquel une femme sera suivie pour ses grossesses futures. Cela représente 1 % des femmes.

MOIS 3

Déesse Hormone

“Tout a commencé avec le café. C’était pour moi le plus grand kif des rituels du matin, jusqu’au jour où il a changé de goût. Comme ça, sans prévenir, il est devenu tout simplement dégueulasse ! Je venais de dire au revoir à l’alcool et j’allais aussi devoir renoncer au café ?! J’ai pleuré, comme un bébé. Classique, j’ai envie de dire aujourd’hui... Après le café, ça a continué avec les odeurs. Mon sèche-linge puait tellement que j’en ai pleuré. Sur YouTube, la vidéo du sauvetage d’un petit chien m’a tellement brisé le cœur que j’en ai pleuré. Un étranger un matin m’a souri dans le métro et j’ai pleuré. Et un soir, au cinéma, avant le film, j’ai pleuré devant la dernière pub Ikéa® : “Place à la vie !” Ouais... Qu’était en train de me faire ce mini-embryon ?

Il paraîtrait qu’en fait, il te guide vers ce qu’il y a de meilleur : pas de café, pas de tabac, pas d’alcool... Tout ça pourrait naturellement provoquer le dégoût chez certaines femmes, même si l’objet des recommandations n’est pas toujours transculturel. En France, par exemple, le café est déconseillé aux femmes enceintes. Une consommation de plus de 200 mg par jour (soit deux tasses) pourrait entraîner un retard de croissance du fœtus. En Finlande, en revanche, personne ne te regardera de travers si tu bois au moins deux bons mugs bien remplis de café filtre par jour. En même temps, j’attendais un bébé à moitié français...

Mais attention, contrairement à ce que l'on croit, les changements psychiques (hormonaux ?) ne concernent pas que les femmes. Tom a magistralement illustré le phénomène au moment de notre première échographie. J'arrive devant chez le gynécologue, un peu stressée, bien sûr, quand il m'appelle : "Tu ne vas pas me croire mais je ne peux plus bouger. – Pardon ?! – Je te jure je crois que je me suis fait un lumbago..."

Vingt bonnes minutes plus tard, Tom arrive au cabinet. La portière du taxi s'ouvre et une voix m'appelle : "S'il te plaît, Pihla, tu peux m'aider ?" J'ai littéralement arraché mon mari à la banquette de la voiture. Je n'arrivais plus à m'arrêter de rire. Incontrôlable. C'était moi, la femme enceinte qui subissait des changements hormonaux qui étaient en train de modifier en profondeur mon corps et mon esprit ! C'était moi qui avais besoin de soutien ! Les quelques mètres qui nous séparaient de l'ascenseur de l'immeuble m'ont paru une éternité. Une fois arrivés sur place, on a écouté, rassurés, les battements de cœur de notre futur fils. Le médecin, hilare devant le tableau de mon mari plié en deux, nous explique : "C'est souvent que les hommes réagissent physiquement à la grossesse." On venait de comprendre, à deux, que c'étaient nos vies qui étaient en train de changer. ”

Pihla

CE MOIS-CI

Toi à bout de souffle, lui qui suce son pouce

Tu te sens un tout petit peu moins fatiguée ? Tu as un tout petit peu moins de maux de ventre ? Chanceuse !

•

Tu peux te sentir tout d'un coup de plus en plus essoufflée. C'est lié à l'augmentation de la pression artérielle. Attention aux escaliers. Fais des pauses.

•

Ton corps est en train de créer le lanugo, un fin duvet qui recouvre le corps du fœtus.

•

Prends dix feuilles A4 dans la main. C'est environ le poids de ton fœtus à ce stade, 50 g.

•

Tu retrouves probablement ton appétit, qui a pu se faire la malle pendant les premiers mois.

•

Ton fœtus ressent le goût de tout ce que tu manges/bois à travers le liquide amniotique qu'il commence à avaler.

•

Le corps du fœtus se déploie petit à petit. Tout pousse : ses jambes, ses mains, ses doigts, son squelette. Les yeux sont à leur place.

Sa tête est toujours immense par rapport au reste de son corps.

•

Tu as meilleure mine grâce aux hormones. Non, pas tous les jours…

•

La plupart des organes du fœtus fonctionnent déjà. Ton fœtus a des muscles et des nerfs, il bouge dans tous les sens.

•

Attention ! Il a des cheveux, je répète, il a des cheveux ! Il a aussi déjà de minuscules ongles. Il peut sucer son pouce.

•

Toi et tes seins vont aller faire du shopping, car tes seins ont bien, bien, bien grossi. Change de soutien-gorge !

•

Tes hanches aussi sont en train de s'élargir et ton ventre peut faire son apparition magique.

•

Une ligne brune apparaît entre ton sternum et ton pubis ? Pas de panique ! Il s'agit de la *linea negra*, un phénomène de pigmentation lié à la grossesse. Ce n'est pas grave du tout.

•

Tu n'entres plus dans ton jean préféré ? Eh oui, embrasse ces changements, car ce n'est que le début.

•

Envoie ta déclaration de grossesse à la CAF + à la Sécurité sociale.

•

Préviens ton employeur et prévois ton congé maternité.

•

Après la première échographie, fais le dépistage de la trisomie 21.

ASCENSEUR ÉMOTIONNEL

Les hormones ont bon dos

"Tu as mal au ventre ? Ce sont les hormones", "Tu es fatiguée ? Ce sont les hormones", "Tu as mal à la tête ? Ce sont les hormones", "Tu es triste ? Ce sont les hormones", "Tu n'as plus envie de faire l'amour ? Ce sont les hormones", "Tu es constipée ? Ce sont les hormones", etc. Allez, parions que "Tu as mal aux dents ? Ce sont les hormones" existe. Oui, elles ont bon dos, les hormones, les hormones féminines en général, coupables de provoquer l'"hystérie", et les hormones de grossesse en particulier. Mais que sont ces petites substances chimiques qui exercent un pouvoir sur le fonctionnement de nos organes ? Et surtout, comment agissent-elles concrètement et biologiquement ? Quelles sont leur part de réel et leur part de fantasme ?

"Je suis fatiguéééééeee", me disent toutes mes patientes, et moi, je leur réponds : "Vous n'êtes pas fatiguée, vous êtes jeune et la grossesse n'est pas une maladie !", introduit le **Dr Geneviève Seguela Fernandez**, gynécologue et endocrinologue à Toulouse. OK, ça, on l'a toutes dit. La fatigue, c'est la grande copine de la grossesse. Mais c'est d'abord une sensation. En réalité, la progestérone modifie profondément nos rythmes, ce que l'on appelle notre "chronobiologie", en agissant comme une drogue. Les femmes se sentent fatiguées, mais ce n'est pas le cas. Elles sont dopées à la sensation permanente de s'endormir. "En réalité, la grossesse est souvent vécue aujourd'hui comme un énorme bouleversement, comme s'il n'y avait jamais eu de femmes enceintes avant, un truc de dingue qui fait irruption dans la vie des femmes. Sans doute, elles ne s'attendent pas à ce que c'est, car il y a une image sociale très édulcorée de cette période, une espèce de nirvana de la grossesse. Donc, souvent, les femmes s'étonnent des métamorphoses physiques. Mais une grossesse transforme le corps, oui ! En effet ! Et à tout point de vue", nous explique-t-elle.

Deuxième grand effet de la progestérone, la constipation ! Oui, on entre direct dans le sujet. Pourquoi ? Parce que la progestérone entraîne un ralentissement du transit par le fait qu'elle relâche toute la musculature lisse – bonjour les remontées acides. Les hormones peuvent aussi être responsables d'une sursalivation, d'une hypertrophie de tous les petits vaisseaux, pouvant engendrer notamment un saignement des gencives, mais aussi des varices, etc., de crampes à la fin de la grossesse qui, comme par hasard pour bien te faire chier, sont essentiellement nocturnes..., d'une hyperpigmentation ou masque de grossesse (ça, c'est la mélanine), de difficultés liées au sommeil (ça, c'est la mélatonine), d'acné... Passons pour nous arrêter un instant sur un autre grand classique, la nausée. C'est le plus fréquent des maux qui accompagnent la grossesse. Attention, ce sont des nausées, ce ne sont pas des vomissements. Lorsqu'il y a vomissements, leur cause est souvent anxiogène, nous raconte Geneviève Seguela Fernandez. Oui, on peut être envahie par la peur à en vomir. Mais revenons aux nausées. Elles sont le résultat d'une stimulation excessive du centre du vomissement – partie du cerveau qui contrôle les reflux gastriques. C'est aussi ce que l'on appelle la *trigger zone,* et ça n'a rien de digestif ! C'est lié au taux excessif des sécrétions d'HCG, aux troubles métaboliques des œstrogènes ET à un terrain prédisposé psychologique.

Ah, le terrain psychologique, vaste territoire aux frontières ambiguës, on ne peut pas ne pas en parler ici. Oui, il y a des phénomènes biologiques et des phénomènes psychiques, et il n'est pas toujours facile de les distinguer. Par exemple, on l'a dit, la progestérone a un effet au niveau de la chronobiologie, et si on se sent moins fatiguée au deuxième trimestre, ce n'est pas parce que le taux de progestérone diminue, mais bien à cause de notre incroyable capacité d'adaptation. "L'organisme s'adapte à cet envahissement hormonal. Les sensations s'estompent. On se sent de nouveau comme avant et donc très euphorique. On a moins l'impression que son corps lui échappe, on se sent redevenir un peu plus soi-même. Le psychisme, en vrai, influence beaucoup nos ressentis corporels, surtout pendant la grossesse où l'inconscient affleure plus facilement. Un rapprochement à l'image de sa propre mère se fait, ou à une mère de remplacement imaginaire, si l'identification à une mère naturelle est trop difficile. À partir du deuxième trimestre, la femme enceinte a souvent un sentiment de toute puissance pour avoir ressenti cette expérience extraordinaire de porter un bébé à l'intérieur de son corps", conclut-elle.

Le fantasme cyborg nous pousse parfois à croire en une maîtrise absolue du corps et à la rêver. Aujourd'hui, il faudrait être enceinte mais se sentir comme avant. Difficile. Ce serait sous-estimer l'action des hormones, puissantes, reines en période de grossesse. Mais tout n'est pas "hormones" pour autant. Le sujet est scientifique, il a ses phénomènes, ses règles, ses bornes. En raison de leur frontière mince avec le monde du psychisme, les hormones ont souvent été mal interprétées et taxées à tort d'être la cause d'un comportement exclusivement féminin : "Tu es énervée ? Ce sont les hormones", "Tu es de mauvaise humeur ? Ce sont les hormones", "Tu es déprimée ? Ce sont les hormones." Attention aux glissements.

INFO*

L'hystérie, ou le trouble psychique genré

Angoisse, irritabilité, nervosité, insomnie, tels sont les symptômes diagnostiqués pendant des siècles chez de nombreuses femmes, considérées donc comme "hystériques". L'étymologie même du mot vient du grec *ustera*, qui signifie "utérus", tout simplement, plaçant définitivement la femme par son sexe au cœur du problème. Hippocrate, pas du tout excessif, pensait que les troubles liés à cette maladie venaient du déplacement de l'utérus dans tout le corps ! En 1653, un autre mec sympa, Pieter van Foreest, recommande dans son traité de médecine des massages des organes génitaux pour guérir la maladie. L'arrivée de l'électricité réconcilie tout le monde et permet d'automatiser la pratique afin de traiter l'hystérie féminine à moindre coût. C'est la naissance du vibromasseur. Freud et Janet ont pas mal bossé le sujet, qui préfigure selon eux le modèle psychanalytique de la névrose. Démontrant l'existence d'hystéries chez les hommes, ils posent au XIXe siècle les fondements d'une "bisexualité psychique" constitutive de tous les humains, qui modifie profondément l'appréhension de la maladie. Pour autant, même si l'hystérie disparaît des livres de médecine en 1952 (il était temps !), d'autres avatars suspects semblent toujours toucher les femmes : la tétanie, la spasmophilie, les crises de nerfs sont encore aujourd'hui nos amies au féminin.

GROS MOT

Clarté nucale

La clarté nucale correspond à une zone trans-sonore, ou “anéchogène” : elle ne renvoie pas d’écho et s’affiche en noir à l’échographie. Située entre la peau de la nuque et le rachis (colonne vertébrale), cette zone est visible chez la grande majorité des embryons au cours du premier trimestre de grossesse et disparaît ensuite. Elle mesure habituellement quelques dixièmes de millimètre. De nombreuses études ont démontré l’existence d’un lien entre l’augmentation de l’épaisseur de la clarté nucale et le risque d’anomalies chromosomiques. L’objectif de sa mesure est donc le dépistage de ces anomalies fœtales au premier trimestre de la grossesse. Il est recommandé d’effectuer la mesure de la clarté nucale systématiquement lors de l’échographie du premier trimestre. Elle est pratiquée entre 11 et 13 semaines d’aménorrhée, ou lorsque la distance cranio-caudale – entre le sommet du crâne et les fesses – mesure entre 45 et 84 mm. C’est à ce moment qu’une valeur anormale est liée à un risque accru de trisomie 21, 18 ou 13, et à d’autres anomalies chromosomiques ou syndromes génétiques.

Premier rendez-vous/ première échographie

La première échographie, dite de “morphologie embryonnaire”, est réalisée entre la 11e et la 13e semaine d’aménorrhée (oui, c’est la façon dont comptent tous les médecins, mais pas toi), soit la 9e et la 11e semaine de grossesse. Elle est obligatoire en France. Elle est parfois précédée d’une avant-première échographie pour rassurer sur un risque de fausse couche ou de grossesse extra-utérine. Mais qu’est-ce qu’on cherche et qu’est-ce qu’on regarde, lors de cet examen ?

D’abord, on vérifie le nombre de fœtus. “Oui, il est tout seul.” C’est en général la première question que tu te poses. Ensuite, est-ce qu’il va bien ? Restons positifs. Puis on confirme la date du début de la grossesse – en mesurant l’embryon – et donc, par déduction, celle de ton accouchement. Ensuite, on mesure la clarté nucale (l’épaisseur de la nuque) afin de calculer le risque de trisomie 21. Enfin, on regarde quelques éléments de morphologie, comme la vitalité du cœur ou la longueur du col utérin.

Arrêtons-nous un instant ici sur le dépistage de la trisomie 21 et sur le cas particulier de la France qui ajoute à la mesure de la nuque une précaution supplémentaire qui passe systématiquement par une prise de sang. En France, en effet, chaque année, la quasi-totalité des 800 000 femmes enceintes peuvent, si elles le souhaitent, recourir à un dépistage. En 2017, un nouveau test génétique voit même le jour. Il permet de rechercher une surreprésentation du chromosome 21 dans l’ADN libre circulant dans le sang maternel. Le chromosome 21 ? C’est justement le chromosome en trop ou surnuméraire qui caractérise la trisomie 21. N’étant pas pris en charge par l’Assurance maladie, ce test sera “proposé”, selon les recommandations de l’HAS (Haute Autorité de santé), seulement après un premier dépistage combiné, à savoir l’observation échographique + la prise de sang donnant un score de risque supérieur à 1/1 000.

Ce qui est intéressant, c’est de constater que chez nos voisins allemands ou finlandais, par exemple, l’histoire est tout autre. Loin de ces tests systématiques, le dépistage de la trisomie 21 passe d’abord et seulement par la mesure de la nuque, à laquelle peut s’ajouter une prise de sang en cas de doute et seulement si la femme le souhaite. “Si elle le souhaite”, ce serait donc une option, un choix. Or, en pratique, c’est un peu différent. Autoriser, suggérer, proposer ou obliger sont ici des notions suspectes, non pas d’un point de vue du droit, mais d’un point de vue du vocabulaire. En France, à la suite de l’échographie du premier trimestre, la prise de sang est systématiquement proposée à la femme enceinte et systématiquement réalisée, car non présentée comme une option, alors même qu’elle n’est pas obligatoire. En Allemagne ou en Finlande, elle n’est suggérée qu’en cas de doute et réellement considérée comme un choix personnel. Les droits sont les mêmes, les postures du corps médical pas du tout. Bien sûr, cela a des conséquences, sous couvert de transparence et de libre choix, alors que ce n’est pas explicitement le cas.

INFO *

Le suivi de grossesse a son drapeau

En France, c'est comme ça, mais ailleurs, c'est différent. Être enceinte n'est pas la même aventure médicale partout. En France, après la première échographie et à partir du deuxième trimestre, un examen de suivi sera réalisé chaque mois jusqu'à la fin de ta grossesse, en plus des deux autres échographies. Aux États-Unis, par exemple, alors qu'il n'y a que deux échographies réglementaires à réaliser, le suivi s'intensifie en revanche à partir du 7e mois à coups d'un examen toutes les trois semaines, puis toutes les deux semaines à partir du 8e mois, et enfin chaque semaine à partir de la 36e semaine. Intense. Autre différence intéressante, la toxoplasmose n'est pas vraiment un sujet là-bas. En Norvège non plus, on ne la dépiste quasiment jamais. Par rapport à la France, le suivi de grossesse y est bien moins médicalisé. Sauf nécessité, l'examen gynécologique, à savoir le toucher vaginal, n'est par exemple pas réalisé, alors qu'il est très pratiqué en France malgré les recommandations de l'OMS. En Norvège, enfin, une seule échographie est recommandée, autour de la 17e ou 18e semaine d'aménorrhée, pour évaluer le risque de trisomie. Autant dire que ton planning est plus léger.

Fille ou garçon ? Le danger de genrer nos préférences

Si on adore la biologie quand elle nous parle de progrès, nous fait rêver d'égalité en démocratisant un accès à la science pour tous, on la hait en revanche quand elle se planque du côté de la nature et de l'essence. Préférer avoir une fille ou un garçon, c'est projeter tout un tas de constructions associées de manière souvent stéréotypée au genre. Et les constructions stéréotypées, on n'aime pas, les différences de genre non plus. Préférer avoir une fille ou un garçon, c'est prêter au genre une série de propriétés : une fille, c'est comme ça, un garçon, c'est comme ça. Préférer avoir une fille ou un garçon, c'est se mettre à genoux devant le sexe biologique qui déciderait de tout. OK, tu as déjà émis le souhait d'avoir une fille ? Tu as déjà une fille et tu voudrais un garçon ? Tout va bien, on l'a tous fait, imaginé, pensé. MAIS, à y regarder de plus près, c'est absurde, aberrant, et ça introduit clairement un premier déséquilibre nocif dans la balance. Une inégalité qui colle, et qui s'encrasse. L'histoire est simple. Pourquoi préférerions-nous une fille ou un garçon ? En pôle position dans la course, la réponse qui consiste à dire que cela permettrait aux couples de se projeter. Le mot est lâché. Tu te projettes car tu as des attentes, tu as des attentes, car tu as des constructions, tu as des constructions car tu as des habitudes, tu as des habitudes car tu es déterminé à penser qu'une fille, c'est comme ça, et qu'un garçon, c'est autrement. Pas bon. Des articles aux titres : “Pourquoi c'est mieux d'avoir un garçon, en fait ?” ou “Sexe de bébé : avoir une préférence est naturel” nourrissent un système de pensée qui nous pollue à grands coups de “les filles, c'est plus calme que les garçons”, “les garçons, c'est plus agressif”, “les filles, ça se déguise en princesse”, “les garçons, ça joue au foot”, ou l'inverse qui finalement est exactement la même chose. Des études récentes montrent par exemple qu'on ne parle pas de la même manière à une fille et à un garçon dès 24 heures après sa naissance ! Effrayant. Le danger est là. Faire une différence là où il est important qu'il n'y en ait pas. On essaie ?

1/1 000

c'est le résultat en nombre de risques à partir duquel la Sécurité sociale rembourse le test génétique de dépistage prénatal de la trisomie 21 en France.

390

c'est le prix en euros du test ADN de dépistage des trisomies en France.

45-69

c'est le pourcentage de femmes qui ont des nausées en début de grossesse.

85

c'est le pourcentage de parents français qui veulent connaître le sexe de leur enfant lors de l'échographie.

41 c'est le nombre de semaines d'aménorrhée qui définissent le terme de la grossesse en France. Il est de 40 en Finlande et aux États-Unis.

11-13

c'est le nombre de semaines d'aménorrhée entre lesquelles est réalisée la première échographie en France.

140-160 c'est le nombre de pulsations par minute du cœur du fœtus à ce stade de son développement.

DEVINE QUOI, ON ATTEND UN ENFANT !

Constat du mois : annoncer sa grossesse n'est pas toujours facile. Il était une fois deux amies, Paule et Paula. La première a une endométriose sévère et n'imagine même pas un jour pouvoir avoir un enfant. La seconde a été anorexique plus jeune et essaie depuis plusieurs années. Un jour, Paule découvre par hasard qu'elle est enceinte lors d'un rendez-vous médical. “Ah non, on ne va pas pouvoir vous opérer, madame, vous êtes enceinte. – Quoi ?!” Elle essaie alors de contacter Paula. Elle appelle une fois, deux fois, cinquante fois. Pas de réponse. Elle panique un peu à l'idée de lui annoncer la nouvelle, anticipant sa réaction. Dans la nuit, elle reçoit un message : “Tu as essayé de me joindre ?! Tu es enceinte, c'est ça ? Haha !” Paule répond : “Je voulais te le dire de vive voix, mais oui, c'est incroyable, je suis enceinte.” Le silence dure d'abord trois jours. Paule : “Tout va bien ?” Paula : “Tu aurais pu me dire quand même que tu essayais…” Paule et Paula ne se sont plus donné de nouvelles depuis. Aujourd'hui, Paule a un petit garçon de 6 mois et on ne sait pas si Paula essaie toujours. Une chose est sûre : on a tous des vies, des grossesses et des projets de grossesse différents et chacun(e) a le droit de vivre les siens comme il/elle le souhaite. Tu as le droit d'être heureuse d'être enceinte, point. Ton/ta conjoint(e) a le même droit. Mais cela n'empêche pas de réfléchir en tant que futurs parents à la façon dont on a envie d'annoncer cette nouvelle.

Le message groupé : "Salut à tous, on a une bonne nouvelle..."

+ : facile, efficace, aucune hiérarchie à établir au préalable, tout le monde est au courant au même moment.

– : impersonnel, tes parents ou tes meilleurs amis aimeraient peut-être apprendre la nouvelle autrement.

Vécu : attention à qui tu groupes et comment, attention au nombre de contacts dans ton groupe si tu ne veux pas passer ta journée au téléphone, attention à ceux qui font "répondre à tous", trop d'attention, trop de vigilance, trop compliqué, en somme...

Par texto perso

+ : tu n'as pas à te déplacer, à fixer un rendez-vous, et tu t'épargnes les réactions et questions des gens. Aussi, important, si l'autre est dans une situation pas cool, qu'il/elle essaie d'avoir un enfant mais n'y arrive pas ou vient de vivre une fausse couche, par exemple, tu respectes son temps et lui laisses la place pour digérer la nouvelle.

– : tu passes à côté de l'émotion et de la spontanéité.

Vécu : ça marche avec ton ami(e) qui vit à l'autre bout de la planète et n'a pas le même fuseau horaire que toi et avec la tante qui est très, très loin et à qui tu n'as pas trop envie de parler ou dont tu n'as pas trop envie d'avoir l'avis.

Par téléphone

+ : tu pourras partager une semi-réaction qui peut tirer les larmes et, surtout, tu feras plaisir à l'autre.

− : c'est une semi-réaction, donc à moitié spontanée, à moitié travaillée.

Vécu : si c'est quelqu'un que tu appelles peu, il/elle va forcément te devancer et t'arracher la nouvelle des lèvres, le fameux "t'es enceinte, ou quoi ?" ou "tu vas être papa ?!" qui détruit ton projet.

En live

+ : c'est la meilleure manière de faire avec les gens que tu aimes, pour avoir les vraies émotions, les vraies larmes, les vrais frissons, les vrais souvenirs.

− : il faut se déplacer ou avoir la force de conviction nécessaire pour faire venir les gens à toi.

Vécu : c'est un vrai défi niveau parents, famille parfois. Les faire venir à toi ou aller à eux... hum. Le téléphone est une noble option dans ce cas.

Via Facebook ou Instagram

+ / **−** : ils se conjuguent ici. La nouvelle ne sera qu'une trace digitale dans ta vie digitale dont les réseaux sociaux ne manqueront pas de te rappeler l'anniversaire chaque année. Choisis aussi bien ton image et/ou ton texte. Ils sont ineffaçables et ne t'appartiennent plus. Pour le reste, tu peux te référer au message groupé, le principe est le même.

Vécu : toi seul(e) connais ta relation aux réseaux sociaux.

La photo de l'écho

+ : tout le monde sait de quoi il s'agit, pas besoin de choisir ou de peser ses mots.

− : toutes les photos d'écho se ressemblent et tout le monde s'en fout.

Vécu : on a choisi le verbe, tu as le droit de préférer que ce qui se passe à l'intérieur de ton ventre ou de celui de ta conjointe reste votre propriété.

Ne pas l'annoncer du tout

+ : aucun effort à faire une fois que ça se voit.

− : beaucoup d'efforts à faire avant que ça se voie. Tu peux aussi faire face à une certaine incompréhension de la part des autres, qui peuvent se demander pourquoi tu ne jubiles pas d'envie d'en parler.

Vécu : il n'y a pas de journée de l'annonce ni de manière de faire attribuée à chaque personne. Il y a toi et ta relation aux autres, ceux avec qui tu as envie de partager la nouvelle, ceux que tu laisses attendre, ceux que tu veux entendre, ceux que tu ne veux pas voir mais à qui il serait bienvenu de le dire, ceux avec qui tu veux rester courtois(e), ceux avec qui tu te moques de la politesse...

Bien plus de façons de faire, bien sûr, que citées dans cette liste.

QU'ATTEND-ON DE CETTE PREMIÈRE RENCONTRE ?

C'est un peu le début de l'histoire. La première échographie est en effet un moment assez libérateur. Tu vas savoir si tout va bien, tes angoisses vont s'apaiser, tu vas enfin rencontrer ce mini-être, réceptacle de tant de projections : est-ce qu'il a dix doigts ? Est-ce qu'il a un bec-de-lièvre ? Est-ce qu'il est malade ? Est-ce qu'il est "normal" ? Ce moment important du premier examen va répondre à un grand nombre de questions, mais en soulèvera peut-être des milliers d'autres qu'il n'est pas inutile d'anticiper. Oui, on adore les questions, et il vaut mieux en avoir trop que pas assez.

Comment réagirions-nous en cas de problème ou d'anomalie ?

Sais-tu ce qu'est la clarté nucale ?

Aimerais-tu savoir si c'est une fille ou un garçon ? (Même si, à ce stade, ce n'est qu'une hypothèse.)

À qui va-t-on annoncer la bonne nouvelle en premier ?

As-tu peur que l'on découvre un problème lors de l'échographie ?

Sais-tu ce qu'est la trisomie 21, appelée aussi *Down Syndrome* ?

Sais-tu ce que l'on regarde vraiment lors de cette échographie ?

MOIS 4

Holy corps !

“Tu es enceinte, ton corps s’élargit, tu ne te trouves pas super sexy, tu galères pour t’habiller, tes tee-shirts te serrent et laissent toujours deviner à tes dépens un petit bout de ventre, et tu ne trouves aucun maillot de bain que tu te sentirais d’assumer ? Tu traverses un moment difficile que nous avons aussi renommé “stade bière” de la situation. Sans parler de ceux qui n’ont aucune distinction : “T’es enceinte ou tu gonfles parce que t’as trop mangé de pâtes ?!” Il est évident qu’à ce stade où tes pantalons te serrent mais pas vraiment, tes hauts remontent mais pas vraiment, tout s’arrondit mais pas vraiment, ce moment qui manque d’aplomb, en somme, beaucoup sont ceux qui vont se poser la question et reprendre leur souffle avant de tenter un “Félicitations !” presque interrogatif ou un plus discret “Mais je ne savais pas… !”

OK, tu as une superbe poitrine – si tu n’as pas l’habitude, c’est d’ailleurs très étrange, une nouvelle prise en mains… –, mais ton corps est en train de s’exprimer à l’horizontale et à des endroits imprévisibles. Clairement, tu dois trouver des vêtements plus adaptés. Et tu t’apprêtes à tomber de très haut. Pourquoi, s’il vous plaît, les vêtements pour femmes enceintes sont-ils toujours si moches ? Ne parlons pas des boutiques spécialisées dans lesquelles tu ne veux même pas mettre un pied et qui voudraient – on ne sait pas pourquoi – que tes hormones te donnent envie de renouer avec ton look de petite fille, mi-princesse iconique, mi-midinette en fleurs. Même les enseignes classiques, plutôt douées d'habitude, ont décidé de te faire chier. Non, pendant neuf mois, tu n'auras pas le choix. La femme enceinte est le parent pauvre de la mode.

Tout cela est bien sûr le résultat de représentations sociales extrêmement simplifiées. La femme enceinte a soit : 1) envie de se cacher et doit porter pour cela des vêtements larges, aux couleurs sombres et aux motifs couvrants (héritage Moyen Âge et Laurence Pernoud) = tu es mal dans ton corps et gênée ; 2) envie de s'exhiber toutes voiles dehors et doit porter pour cela du moulant, du court et du décolleté (héritage années 1960, Simone Veil – pas dans le look, hein – et Brigitte Bardot) = tu es libre et épanouie. OK, sauf qu'en France en 2018, ça fait un petit moment que l'on choisit de faire des enfants, et j'aimerais bien que mes vêtements ne soient pas révélateurs d'un code social binaire : soit je cache, soit j'assume. J'aimerais que mon corps ne soit pas l'objet de VOS représentations. Et si je veux tout simplement mettre un jean et un tee-shirt ? Eh bien, tu ne peux pas. Tu seras nonne ou sexy. C'est comme ça que les autres te voient. Le monde a choisi ton look pour ces neuf prochains mois. Tant pis pour ce qui te concerne. »

Élisa

CE MOIS-CI

Toi tu le sens, lui t'entend

Difficile à croire, mais dans ton ventre un peu arrondi, il y a maintenant un fœtus avec des cils et des sourcils. Il peut aussi bouger ses lèvres. Et il a un odorat.

•

Tes ongles sont plus forts. Tes cheveux aussi. Ta peau est plus lisse que d'habitude.

•

À partir de maintenant, ton fœtus peut t'entendre !

•

Ça y est, il a des empreintes digitales. Il commence à développer son sens du toucher (très flou).

•

Tu peux le sentir bouger pour la première fois ! Enfin, "bouger", si tu sens des petites fourmis étranges à l'intérieur de ton ventre, ou comme des petites bulles, c'est ça.

•

Ses oreilles commencent à se voir.

•

Tu peux déjà avoir des petites contractions, mais ce n'est pas très inquiétant, sauf si elles sont rapprochées. Tu as des crampes ou des varices ? Ça arrive. Surélève tes jambes.

**Ça fait toujours du bien, enceinte.
Tu peux aussi avoir mal aux lombaires, des hémorroïdes, le nez qui coule ou les yeux secs.**

**Le fœtus pèse à peu près 250 g.
Il sait distinguer si tu manges des choses amères, sucrées, salées ou acides.**

**Ton utérus arrive au niveau du nombril.
Tu peux aussi avoir des remontées acides à ce moment de la grossesse. C'est très, très, très, très pénible.
Mange léger ou fragmenté et, au pire, va chercher à la pharmacie des médicaments convenant aux femmes enceintes.**

Tu peux expérimenter certains changements de libido. Eh oui.

**Le cœur du fœtus bat trois fois plus rapidement que le tien.
Il entend le battement de ton cœur et ta respiration.**

Prévois un premier rendez-vous à la maternité pour l'inscription et le suivi de grossesse.

Prends rendez-vous pour la deuxième échographie.

Réfléchis aux différentes options pour la préparation à l'accouchement (voir mois 7).

SE FAIRE DU BIEN, SE FAIRE DU MAL

Cette chimie qui nous perturbe, partout

Ce n'est pas pour rien qu'ils s'appellent les "perturbateurs endocriniens". Car, oui, ils sont très, très, très perturbants. Surtout pour la femme enceinte et son fœtus. Mais qu'est-ce que c'est ? Ce sont des molécules issues de la chimie industrielle qui sont capables d'interférer avec le système hormonal, notamment les hormones thyroïdiennes, et le développement du cerveau dès sa conception intra-utérine. Et ils se cachent partout dans ton quotidien : dans ton repas, dans ton gel douche, dans ton tee-shirt, dans ton canapé, dans ton produit vaisselle ou bien encore dans ton parfum. Ça y est, tu as peur ? Ce n'est que le début. La biologiste spécialiste des perturbateurs endocriniens, Barbara Demeneix (chercheuse au CNRS et professeure au laboratoire d'évolution des régulations endocriniennes au Muséum d'histoire naturelle de Paris), auteure du livre *Cocktail toxique - Comment les perturbateurs endocriniens empoisonnent notre cerveau*, tient à ce que l'information sur l'effet de l'environnement sur le cerveau circule, et vite. Et après avoir lu son livre, nous aussi !

Certes, ils ont des noms un peu compliqués : phtalates, bisphénol A, triclosan, parabènes, perchlorates, pesticides... mais en gros, il s'agit de produits chimiques utilisés dans la chaîne alimentaire et l'environnement, de plastifiants (comme le PVC) que l'on trouve dans les couches, les semelles des chaussures, les vestes imperméables ou les consoles de jeux, par exemple, ou bien de retardateurs de flamme à base de brome présents dans les ordinateurs, les lampes, les textiles ou les tapis. Les perturbateurs endocriniens se trouvent aussi dans les cosmétiques ou les meubles, les biberons en plastique et les électroménagers, et dehors, dans les champs traités à l'aide des produits que l'on vient de citer. En somme, ils sont partout et donc très difficiles à éviter.

Alors pourquoi lutter ? Parce que si pour nous c'est peut-être trop tard et que nous finirons "tous crétins" (il faut savoir que le mot serait un dérivé de "crétinisme", état pathologique caractérisé par une diminution des facultés intellectuelles liée à une insuffisance thyroïdienne, oui, oui...), personne ne veut en revanche que son enfant développe des troubles neurologiques, voire autistiques, des soucis cognitifs ou d'apprentissage. Car, oui, ce sont entre autres les possibles effets des perturbateurs endocriniens : syndrome d'Asperger, hyperactivité, trouble de l'attention, etc. Savais-tu qu'en 1975, 1 enfant sur 5 000 était autiste et qu'aujourd'hui le chiffre s'élève à 1 sur 68 ? Pardon !? L'évolution génétique seule ne peut plus expliquer cette augmentation, et d'autres facteurs entrent forcément en jeu, comme nos fameux perturbateurs endocriniens.

Et comment fonctionnent-ils sur nous ? Commençons par le début et les hormones thyroïdiennes. Elles sont primordiales pour les femmes enceintes, surtout pendant les premiers mois de la grossesse, car c'est la thyroïde qui active les gènes pour construire le cerveau, notamment l'hippocampe et le cortex. Et les méchants perturbateurs endocriniens interfèrent avec ce développement essentiel pour le fœtus. Trop d'infos ? T'inquiète pas, nous aussi, on a eu du mal à digérer au début. Mais accroche-toi, c'est important. Ce n'est pas un hasard si l'Agence européenne des produits chimiques (ECHA) a déjà classé, par exemple, les phtalates parmi les substances toxiques pour la reproduction humaine. Et c'est aussi pour cela que l'on teste aujourd'hui le taux d'hormones thyroïdiennes chez la femme enceinte afin de détecter les anomalies.

Et qu'est-ce que l'on peut faire pour sauver notre thyroïde ? Déjà, il faut manger iodé. Car c'est en effet la carence alimentaire en iode qui a des effets sur la baisse des hormones thyroïdiennes, explique Barbara Demeneix. Encore faudrait-il que les médecins nous l'expliquent ! Donc direction la mer, ses poissons et ses crustacés : saumon, morue, langoustines, homard, etc. Désolé, les huîtres, ça ne marche pas. En revanche, les algues, les œufs, l'avoine, les haricots, oui... Puis on fait un sérieux tri dans sa salle de bains, ses placards et sa cuisine pour privilégier les produits biologiques, les fruits et les légumes, les tissus naturels comme le coton et la laine, ainsi que les produits d'entretien et d'hygiène sans parabènes ni phtalates. Il est encore temps d'essayer un déodorant biologique, de stocker l'eau du robinet dans des bouteilles en verre, de jeter sa bouilloire en plastique, de remplacer sa javel par du vinaigre blanc et du savon noir, etc.

Et comme tous les sujets, les perturbateurs endocriniens ne sont pas seulement le problème des futures mères. Le bisphénol A, par exemple, que l'on trouve dans les emballages en plastique des aliments ou dans les boîtes de conserve, n'est pas seulement soupçonné d'être responsable de certaines fausses couches, mais il altère également la spermatogenèse. Et ses copains les phtalates perturberaient le développement des organes reproducteurs. Au secours ! Mais nous aussi, on utilise parfois des Pampers®, on s'est mis des crèmes solaires pas très catholiques pendant notre grossesse, on a parfois un jouet qui traîne en plastique, on fait réchauffer des trucs dans le micro-ondes, on a quelquefois mangé de la viande pas bio et on n'a pas toujours la foi de fabriquer notre propre lessive à base de savon de Marseille. Bref, on fait comme on peut et on ne va pas mourir ou faire des enfants autistes pour autant, OK ? Mais gardons tout ça dans un coin de notre tête, réfléchissons à ce que nous achetons et consommons et militons pour les générations futures pour un marché plus transparent. Nos enfants nous remercieront.

Le saucisson, c'est cru ou c'est cuit ?

"Allô ? Dis, est-ce que je peux manger de la burrata ? — Euh... La mozzarella, j'crois que c'est OK, c'est pasteurisé, mais la burrata, pas sûre..." Laisse tomber, tu ne sauras jamais avec certitude ce que tu peux ou ne peux pas manger pendant ta grossesse. Les frontières entre pasteurisé, cru, cuit, lavé, pelé sont floues, les avis divergent, bien sûr, les recommandations changent d'un pays à l'autre, c'est différent si tu es ou non immunisée contre la toxoplasmose (qui se transmet notamment par les selles des chats, va comprendre...) et essayer d'y voir clair est un enfer. Donc au-delà du classique pas de cru, que du cuit (qui a aussi ses subtilités d'ailleurs), que tu peux appliquer un peu à tout : poisson, viande, fromage, œufs, etc., on a demandé à la nutritionniste **Marie Gruel** de nous faire une liste de conseils pragmatiques que tu peux emporter partout. Et comme on est plus déculpabilisées que pragmatiques, on y a ajouté quelques commentaires.

Savoir s'écouter et savoir faire la différence entre ses envies et ses besoins alimentaires

"Il ne faut surtout pas culpabiliser ! Si on se fait plaisir, le mot d'ordre, c'est justement le plaisir, donc pas la culpabilité. Le lendemain, un autre jour de la semaine ou la semaine qui suit, vous ferez un peu plus attention à vos choix alimentaires en favorisant des aliments moins énergétiques (caloriques) et, si vous y êtes autorisée médicalement, en pratiquant une activité physique régulière mais adaptée. Il faut manger de tout en quantité raisonnable et varier les aliments au sein de chaque groupe d'aliments, se faire plaisir sans excès mais sans privations non plus, un juste équilibre. Le sucre est par exemple autorisé en quantité raisonnable et parfois limité en cas de diabète gestationnel. Important : les plaisirs type grignotages sucrés doivent toujours être pris au sein des repas et le moins possible en dehors !"

Hello ! Toi qui manges ton troisième éclair au chocolat en plein milieu de la journée et le plus loin possible des repas surtout, tout va bien se passer. Retiens la partie "plaisir" du conseil en croisant les doigts pour qu'elle rencontre le plus souvent possible tes besoins.

Savoir s'adapter à certains effets secondaires liés à la grossesse

"Constipation, nausées et/ou vomissements, dégoûts alimentaires... Chacune doit savoir s'adapter aux diverses manifestations de son corps, mais également parfois à certaines pathologies comme le diabète gestationnel ou la carence martiale... Votre corps va changer, c'est un bouleversement à tous les niveaux, les hormones sont en fusion, vous êtes toutes différentes et votre corps aussi."

Rien à dire.

Savoir accepter son corps qui change

"Une prise de poids régulière est normale pendant la grossesse et il n'est pas conseillé de faire un régime amaigrissant pendant cette période. La restriction alimentaire pourrait engendrer des carences. Votre bébé ne manquera de rien (si votre état nutritionnel était bon avant la grossesse), mais il pompera dans l'ensemble de vos réserves, ce qui risque de vous déminéraliser. Pour éviter cela, il faut prendre des compléments alimentaires spécifiques qui combleront l'ensemble de vos besoins, ainsi que ceux de votre bébé. Si vous souhaitez ne pas prendre trop de kilos parce que vous êtes actuellement en surpoids, je vous conseille de vous orienter vers un professionnel qui saura contrôler votre prise pondérale (éviter les pics pondéraux) tout en respectant vos besoins nutritionnels. Durant cette période, ils peuvent créer des envies : on peut par exemple avoir envie de viande rouge par manque de fer. D'où la nuance et la difficulté. Il faut savoir s'écouter et associer plaisir gustatif et prise de poids régulière."

Régulière ? Toi qui ne prends pas exactement 1,5 kg par mois, rassure-toi. Tu vas grossir parfois beaucoup au début, beaucoup au milieu ou beaucoup à la fin, enfin, de manière souvent complètement anarchique sans que ce soit la faute du chocolat. Ton corps sait ce qu'il fait, alors fais-lui confiance. L'envie de viande rouge, par exemple, peut aussi être une envie de glace au caramel sans que ce soit alarmant.

Savoir équilibrer son alimentation en fonction de ses envies et de ses besoins

“Il faut manger équilibré, c’est-à-dire manger de l’ensemble des groupes d’aliments (il existe sept groupes d’aliments : les fruits et légumes, les produits laitiers, les viandes/poissons/œufs/abats, les féculents, les matières grasses, les produits sucrés, l’eau), varier les aliments au sein de chaque groupe afin d’avoir tous les nutriments, oligo-éléments et vitamines pour couvrir l’ensemble des besoins lors de cette période où il est recommandé de manger deux fois mieux et non deux fois plus ! Il faut aussi essayer d’adapter son alimentation aux saisons, c’est-à-dire favoriser les produits alimentaires liés à la saison de votre grossesse, ces produits nous apportant entre autres des vitamines et minéraux – par exemple, en hiver, les kiwis et les agrumes sont très riches en vitamine C.”

Alors, toi qui viens d’apprendre comme nous qu’il y avait sept groupes d’aliments, en gros, bois de l’eau, mange des fruits et des légumes variés, des pâtes et des protéines – ça, tu le sais, non ? Sache que ton bébé, lui, prendra tout ce dont il a besoin et que ce régime, c’est surtout pour toi. Pour les saisons, super utile, imprime-toi un calendrier des fruits et des légumes et va faire tes courses avec.

Savoir bouger

“Il faut essayer de mettre en place une activité physique régulière et adaptée. Avant cela, n’oubliez pas de demander l’accord de votre gynécologue ou médecin traitant afin de vous assurer que cette pratique ne vous est pas déconseillée. Elle vous permettra une prise de poids harmonieuse en parallèle à une alimentation équilibrée, mais également souvent un bien-être physique et psychologique.”

Retiens surtout la partie bien-être. Si ça te fait du bien, c'est top. Si ça ne te fait rien, oublie. Cher(ère) partenaire, même si ton futur enfant n'est pas directement concerné par ce que tu te fous dans le gosier, il n'est pas vain de connaître les recommandations à destination des femmes enceintes, les aliments à éviter et ceux à surveiller – c'est sympa de nous sentir soutenues –, et il n'est pas interdit non plus de manger équilibré et d'apprendre à faire la différence entre ses envies et ses besoins, par solidarité.

GROS MOT

Syndrome d'alcoolisme fœtal (SAF)

Le syndrome d'alcoolisme fœtal (SAF) est une anomalie congénitale causée par l'alcool consommé par la mère pendant la grossesse. L'alcool traverse en effet le placenta et endommage les cellules en développement de l'embryon et du fœtus, notamment celles du cerveau. Les atteintes sont multiples et diverses selon le stade de développement du fœtus, la quantité et la durée de la consommation d'alcool. Malformations faciales, anomalies du système nerveux central provoquant retards psychomoteurs, déficit intellectuel, problèmes de comportement et d'apprentissage. Dans la plupart des cas, les troubles ne sont pas visibles sur le bébé qui vient de naître mais apparaissent plus tard, lorsque le cerveau devient plus mature. En septembre 2018, Santé publique France publie pour la première fois une estimation nationale des troubles causés par l'alcoolisation fœtale diagnostiqués chez les nouveau-nés. Selon l'étude, en France, entre 2006 et 2013, 3 207 nouveau-nés (soit une naissance par jour) ont présenté au moins une conséquence liée à l'alcoolisation fœtale dont pour 452 d'entre eux (soit une naissance par semaine) un syndrome d'alcoolisation fœtale (SAF). Selon les données du Baromètre santé 2017, la consommation d'alcool pendant la grossesse n'est pas rare en France. En effet, parmi les femmes interrogées, enceintes au moment de l'enquête ou mères d'un enfant de moins de 5 ans, 1 sur 10 a déclaré avoir consommé de l'alcool occasionnellement pendant sa grossesse. Dans le monde, environ 119 000 enfants naissent chaque année avec un SAF et 10% des femmes consomment de l'alcool enceintes, selon une étude publiée par *The Lancet Global Health* (janvier 2017). Le taux de consommation d'alcool pendant la grossesse est le plus élevé en Europe et notamment en Russie, en Grande-Bretagne, au Danemark et en Irlande.

La glace à l'eau, je peux ?

Il faut quand même en parler à un moment. On ne va pas dresser une liste exhaustive de ce que tu peux ou pas manger pendant ta grossesse – ton/ta gynéco te donne souvent une feuille A4 des aliments à bannir pour éviter la listériose et tu ne la regardes jamais –, car tout cela est, encore une fois, très relatif et contextuel. Eh oui ! En gros, pour aller à l'essentiel, pas de cru (viande, poisson, œuf, fromage), car c'est là que l'on trouve le plus de bactéries. MAIS il faut savoir que si tu congèles le cru, les bactéries meurent. Donc au restaurant, peut-être ta burrata n'est pas fraîche, et en bas de chez toi, tes sushis non plus. *Sorry*. Dans ce cas, paradoxalement, aucun risque, car oui, pendant ta grossesse, il vaut mieux te faire un bon petit truc sous vide de supermarché qu'un pâté artisanal de petit producteur. Retiens cette analogie. Le fromage, oui s'il est pasteurisé. Le tiramisu, oui si tu connais l'origine des œufs ou si t'as vu ton pote le faire. La glace, oui si elle est industrielle. Attention néanmoins à la conservation des aliments : ne garde rien 1 000 ans dans ton frigo. Côté charcuterie, la subtilité entre cru et cuit est ténue, mais en gros, chez le boucher, par exemple, le jambon blanc peut contaminer le saucisson, bref, c'est un joyeux bordel. On ne le sait pas assez, mais attention aussi aux graines germées, type soja, et attention au soja en général qui contient des phyto-œstrogènes, molécules qui peuvent être dangereuses pour le bébé. Côté fruits de mer, pas d'huîtres parce que c'est cru, mais les crevettes en revanche, c'est cuit, tu l'as ? Autre truc que tu ne sais probablement pas, “fumé” ne veut pas dire “cuit”. Désolé. Et le foie gras, c'est cuit, oui, mais pas assez, donc tu laisses tomber, sauf si tu le prends au supermarché, mais tu préfères sans doute t'en passer pendant neuf mois. Enfin, madame, si tu n'es pas immunisée contre la toxoplasmose, tu reprends tout et tu quadruples ta vigilance avec une attention toute particulière aux fruits et aux légumes, qui doivent être bien lavés, et au caca du chat, que tu ne dois pas approcher.

INFO +

La pesée, le pipi, la tension, le toucher, ou l'heureux rendez-vous mensuel de grossesse

Tu vas y aller souvent, et ce sera ta petite routine. Tu arrives à la maternité, tu montes sur la balance, tu prends ton petit gobelet, tu fais pipi dedans et tu attends. Ensuite, une/un sage-femme ou un/une gynéco viendra te chercher pour examiner ta tension et ton utérus. Pourquoi tout ça ? Le poids, il n'y a pas de réponse. Vraiment, à part t'emmerder, si tu ne prends pas 8 kg en un mois, il n'y a aucune raison de s'inquiéter pour rien. Chacune sa courbe. L'analyse d'urine, ou ECBU (examen cytobactériologique des urines), est en revanche plus utile : elle vient contrôler le taux de protéines et de glucose et permet de détecter un risque de diabète gestationnel ou de prééclampsie. Côté tension, l'hypotension est courante parce que liée à la fatigue, l'hypertension beaucoup moins mais doit être évidemment surveillée. Ensuite, la palpation de l'abdomen permet d'apprécier la taille de l'utérus et donc la bonne croissance du fœtus. Et enfin, le toucher vaginal permet de contrôler l'ouverture de ton col, de détecter toute modification, sa dilatation, sa longueur et sa position, afin de prévenir tout risque d'accouchement prématuré.

9

c'est en kilos la prise de poids minimale conseillée pour une femme pendant sa grossesse pour assurer sa bonne santé et celle de son futur bébé. Que l'on se rassure tout de suite, la plupart des femmes prennent plus que 9 kg, la moyenne se situant entre 12 et 16 kg, parfois plus. Ton corps sait ce qu'il doit faire.

157

c'est, en milliards et en euros, le coût annuel imputé aux maladies liées aux perturbateurs endocriniens dans l'Union européenne.

50

c'est, en SPF, la protection solaire minimale pour la peau qui permet d'éviter le masque de grossesse, petites taches brunes liées à un problème de pigmentation qui apparaissent sur le visage.

50

c'est le pourcentage approximatif de femmes immunisées, et non immunisées, donc, contre la toxoplasmose en France.

90

c'est à peu près le pourcentage de femmes qui ont des vergetures à un moment ou à un autre dans leur vie. Ce n'est donc pas une vilaine maladie de femmes enceintes, mais un phénomène qui touche aussi les adolescentes, les sportives, et les hommes aussi d'ailleurs.

250-370

c'est le nombre de cas de listériose détectés chaque année en France, toutes catégories humaines confondues, femmes enceintes, personnes âgées, etc.

RELIGIEUSE OU SEXY, L'ULTIMATUM DU STYLE !

Constat du mois : ton corps bouge et tu n'y peux rien. Surtout, tu dois laisser faire et ne pas essayer de l'entraver. Embrasse le fait ne plus avoir à aller à la salle de sport. Balance tes baskets, tu ne courras plus, tu ne boxeras plus, tu ne joueras plus au football ni au basket, tu ne feras plus de tennis… Si tu as envie, prends plutôt le virage de la méditation et va traîner dans les piscines ou t'inscrire à un cours de yoga prénatal où au lieu de travailler tes abdos, tu vas faire la connaissance de ton périnée, compagnon décisif dans la suite de l'aventure. Le sport à ce moment-là, c'est aussi marcher dans la rue et monter les escaliers, tout simplement. Ces balades auront souvent raison de ton souffle. Donc, ton corps n'est plus le même, tu ne fais plus les mêmes sports ET tu ne vas plus porter les mêmes vêtements. On y arrive. Ne t'inquiète pas, tu n'es pas obligée de changer de style, tu n'es pas obligée de porter la vieille robe longue à fleurs que te propose le rayon femme enceinte ni le jean ultra serré à étoiles du même rayon, bien sûr. OK, on s'est posé la question de cette liste. Le risque de basculer dans le cliché du magazine féminin nous a un peu fait flipper. Donc tu peux ne pas du tout être intéressée par le sujet, mais nous, perso, être féministes ne nous a pas empêchées de nous poser la question.

La chemise large ou robe-chemise

Prends une ou deux tailles au-dessus et retrousse les manches si elles sont un peu longues. Elle se porte n'importe quand, avec ou sans collants dessous et avec n'importe quoi aux pieds.

La robe triangle ou la robe taille Empire

La robe triangle laisse toute la place à ton ventre pour pousser. La taille Empire doit être un peu plus large ; elle finira par se lever un peu devant, elle n'est pas faite pour, mais tu as de la marge.

La robe ou la jupe tube

Là, c'est le tissu qui compte, bien doux, bien coton, bien stretch. Elle épouse complètement ton corps et toi, tu te sens complètement à poil. Merveilleux. Pour la jupe, prends-la assez longue, mets la taille au-dessus de ton ventre, sous tes seins, avec un tee-shirt ou n'importe quoi en haut.

Le jean, le legging et les collants de grossesse

Il n'y a que pour ça que tu dois aller éplucher les rayons de grossesse. Oui, il te faut un jean de grossesse et/ou un legging de grossesse et/ou une paire de collants de grossesse si tu veux survivre avec tout le reste, car au-delà de ton ventre, ce sont tes hanches qui s'élargissent... N'en parlons plus. Pour le jean, il existe l'option élastique sur le ventre (classique) ou élastique juste en dessous (vachement mieux).

Le pull ample ou le gilet

Va piquer un truc trop grand à quelqu'un, un gilet bien douillet, un pull en laine bien large qui te laisse manger comme tu le souhaites.

Le manteau et la veste

Attention, le manteau de grossesse est la plus grande arnaque de l'histoire ! C'est moche, on le sait déjà, mais en plus, ça dure deux mois et ce n'est absolument pas utile. Opte pour un manteau un peu large, ferme-le avec une ceinture ou, si tu ne crains pas trop le froid, laisse-le ouvert. Point. Cela s'adapte à tout, du coup : veste, blouson en jean, en cuir, etc.

Les sous-vêtements

Peu de femmes gardent leurs soutiens-gorge d'avant. Tes seins prennent au moins une taille et tu les abîmes moins en respectant leur croissance. Ça vaut le coup d'investir dans un bon soutien-gorge un peu plus grand. Pour les culottes, selon comment tu te sens, un bon lot de sans couture peut être une solution.

Le maillot de bain

Sauf si tu es à 8 mois de grossesse et que tu optes pour un une-pièce, tu n'as pas besoin, comme pour le reste, d'acheter un maillot de bain pour femme enceinte. Quelle que soit sa forme, prends la taille au-dessus et ça va marcher très bien.

Les chaussures

Si tu le souhaites, porte des talons au début de ta grossesse, car après, ça peut être plus compliqué. Ton point d'équilibre, aussi fou que ça puisse paraître, se modifie et t'entraîne petit à petit en avant. En baskets ou à plat tout court, c'est quand même plus facile. Aussi, plus ton ventre va grossir, plus tu auras envie de chaussures simples à mettre parce que la gymnastique qui consiste à lacer des Converse®, non merci... Et puis tes chevilles risquent de gonfler..., ça, c'est pour te dissuader définitivement.

Non, tu n'es pas obligée de ne boire que de l'eau du robinet

Voici quelques idées pour varier les plaisirs à l'apéro :

- l'eau pétillante avec une rondelle de citron – classique ;
- les jus de fruits, la grenadine et la menthe à l'eau – sucré mais OK ;
- les sodas – dégueulasse ;
- le décaféiné, le chocolat chaud et la tisane – selon la saison ;
- la bière sans alcool – pas évident à trouver... prends les tiennes ;
- la *ginger beer* – non, il n'y a pas d'alcool dedans ;
- le Crodino® – effet spritz ;
- les *virgin cocktails* – l'avantage, avec ou sans alcool, est que les cocktails sont tendance, donc il y en a partout.

C'EST QUOI CE CORPS ?

Si ton corps change, ton rapport à lui aussi. Tu vas assister, scruter, toucher, éprouver la moindre courbe qui va s'arrondir, tes cheveux qui vont se renforcer ou ta peau qui va s'adoucir, mais aussi qui peut craqueler, se ramollir ou laisser apparaître quelques vergetures… Qu'est-ce qu'il/elle en pense ? On s'en fout ! C'est vrai, tu peux être un peu en désaccord voire en instance de divorce avec ton enveloppe physique : “C'est quoi, ce corps ? C'est à qui, ce corps ?” Mais l'important, c'est toi. Il faut accepter que les choses changent. Oui, être enceinte modifie tout, et non, ton corps ne peut pas faire comme si de rien n'était. Le plus *smart* reste de l'embrasser.

À quel point je redoute que mon corps change ?

Qu'est-ce que j'aime chez moi ?

À quel point j'ai envie qu'il ne change pas ?

De quoi j'ai envie pour me faire du bien ?

Comment je me trouve ?

Qu'est-ce qui me gêne chez moi ?

De quoi j'ai peur ?

MOIS 5

Disons que tout change mais que rien ne change

“Tu es enceinte, ça y est, ça se voit et TOUT LE MONDE le voit. “Salut ! [Je ne sais pas qui tu es.] Oh, mais je ne savais pas ! [Plus besoin de poser le sujet.] Oh, nous, Serge vient d’avoir 1 an…” [OK, donc tu as un enfant qui s’appelle Serge, mais je ne sais toujours pas qui tu es.] Il sort son téléphone, première vidéo, des jouets, un gamin, un sapin, seconde vidéo, toujours un gamin qui se tient debout avec sa mère. Ça y est, tu t’appelles Renaud, tu es l’ami d’une artiste que je connais par le biais du travail, que je n’ai probablement pas vue depuis cinq ans et qui vit à Berlin. Quand tu entres dans la grande communauté soudée des Parents, peu importe que vous vous soyez vus deux fois, que vous ne vous soyez pas beaucoup appréciés ou que vous n’ayez rien à vous dire, tu vas surfer sur un terrain d’entente universel : l’enfant, ses cacas, ses premiers mots, son premier Noël, ses maladies, ses premiers pas et ses vaccins. C’est très nuancé, car cette vague est clairement un tsunami.

Ton expérience devient la propriété de tous, et l’expérience des autres envahit ton intimité. Ton rendez-vous professionnel n’a pas pu s’empêcher de te sortir les photos de Hugo, 9 mois, et une vague collègue de loin qui t’a snobée pendant des années te raconte son utérus cloisonné et son accouchement à six mois de grossesse ! Et, quitte à faire tomber les barrières de leur corps, ils aimeraient bien que tu fasses tomber les tiennes. Je me souviens de l'oncle de mon mari qui, pour me dire bonjour, posait les mains sur mon ventre : "Et tu le sens, là ? — Oui, et je sens aussi tes mains sur moi."

La première fois qu'Anton, le fils de Pihla, m'a vue enceinte et qu'on lui a expliqué qu'il y avait un bébé dans mon ventre, il a tout de suite demandé s'il faisait pipi dans moi. Perspicace. Il avait 3 ans. On lui a répondu que oui et il a beaucoup ri. Ce qui est inquiétant, en revanche, c'est quand cette même question monte au cerveau de ton pote de 35 ans et que ça le fait marrer également. Et là, c'est le défilé. Il est tard, les gens sont bourrés : "Tu te rends compte que c'est un peu comme si tu avais un alien dans le ventre ?", "Tu t'es déjà demandé s'il savait quand tu faisais l'amour ?", "Est-ce que tu t'es déjà dit que tu pouvais l'écraser si tu te mettais sur le ventre ?", "Comment il respire s'il est dans l'eau ?" L'encyclopédie des questions idiotes, tandis que les jeunes parents (expérimentés) t'assènent des banalités chiantes : "Tu vas voir, c'est génial !", "Profite, ça passe vite", "J'espère que tu dors, parce que tu ne dormiras plus jamais", suivi d'un rire bien gras. C'est toi qui finis par te demander avec angoisse ce que "lui", dans ton ventre, peut bien comprendre de tout cela. Espérons pas grand-chose. ”

Élisa

CE MOIS-CI

Toi, tu manques de fer, lui bouge et dort fort

Tu te demandes si c'est un coup de pied que tu viens de sentir ? Probablement.

•

Ton bébé fait la fête dans ton utérus et bouge dans tous les sens.

•

Si ce n'est pas déjà le cas, c'est sûr maintenant, tu n'entres plus dans ton jean préféré, désolé.

•

Ton bassin commence à s'ouvrir et ton utérus s'agrandit de plus en plus.

•

Si tu te sens très fatiguée, tu manques peut-être de fer.

•

Tes gencives peuvent être plus sensibles que d'habitude et saigner facilement.

•

Tu as des vertiges ? Normal, car ta pression artérielle diminue.

•

Tu as mal au dos ? Fais attention, car ça peut être encore pire ces prochains mois.

Oui, tes seins sont toujours gonflés.

Ton bébé dort beaucoup à ce stade, environ 20 heures par jour.

Il commence déjà à développer son système immunitaire.

À la fin du mois, il mesurera environ 30 cm et pèsera presque 650 g.

Si c'est un garçon, il produit déjà des spermatozoïdes.

Si c'est une fille, ses ovaires produisent déjà des cellules.

Son cerveau crée des cellules nerveuses qui se connectent les unes aux autres.

Sa peau est recouverte d'une couche de *vernix caseosa*, substance grasse qui le protège du liquide amniotique.

Problèmes de circulation ? C'est normal. Un quart de ton sang va à ton bébé pour le nourrir.

***Yes* ! C'est le mois de la deuxième échographie, l'échographie morphologique ; tu sauras si tout va bien chez ton bébé, dans son cœur, ses reins, ses intestins, etc.**

UNE EXPÉRIENCE SINGULIÈRE

Enceint(e) et connecté(e) à son cerveau droit

Peut-être suis-tu une thérapie ou as-tu pour projet d'en suivre une. Et puis tu tombes enceinte ou tu l'es déjà et tu te demandes tout à coup si ces deux projets d'"accouchement" vont faire bon ménage. Vont-ils se bouffer au point de ne plus se laisser de place ? Ou vont-ils au contraire, ensemble, ouvrir des perspectives ? On a rencontré la psychologue et spécialiste de la périnatalité **Mathilde Bouychou**. Selon elle, "la grossesse est justement un moment psychiquement privilégié pour mettre des choses au travail". Oui, les modifications structurelles qui nous agitent permettraient ce que l'on appelle la "transparence psychique", un moment où – qu'on le veuille ou non – l'on est tout simplement plus en phase avec notre moi profond.

Connexions, effusions

En neurosciences, on dit que la femme enceinte est connectée à son cerveau droit, c'est-à-dire au siège des émotions. Elle aurait plus facilement accès à tout ce qui est de l'ordre du refoulé, à son histoire, aux conflits infantiles... Et hop ! Cela permettrait des accélérations d'un point de vue thérapeutique chez la patiente – et le patient d'ailleurs, car, oui, on y reviendra, on trouve le même processus chez les hommes.

Ciao l'angoisse !

Mais puisque, lorsque l'on est enceinte, on n'est plus toute seule, s'interroger sur ce que reçoit l'enfant de tout cela est normal. Est-ce qu'il m'entend ? Et qu'est-ce qu'il entend ? Dans le ventre de sa mère, il est évidemment en interaction avec elle, il ressent la charge affective. Et malheureusement, dans la vie, il y a des émotions positives et des émotions négatives. “On peut se protéger, faire attention à ne pas se mettre dans des situations conflictuelles et douloureuses. Mais la vraie question est : “Qu'est-ce qu'on va faire de ces émotions ?” nous explique Mathilde Bouychou. Ou comment transformer une histoire difficile ? Ou encore, comment intégrer sa grossesse à son vécu ? “Pouvoir intégrer le fait que l'on puisse être en colère ou triste est important. Je conseille justement à mes patientes d'en parler à leur bébé pour libérer la charge affective. “Voilà, je suis angoissée, mais je peux me rassurer, je peux te rassurer. Mes crises d'angoisse ne sont pas liées à toi ou sont liées à toi parce que...”, ajoute-t-elle. Les peurs associées à la grossesse traduisent souvent une inquiétude quant à nos capacités maternelles : l'horrible et pesante interrogation “Vais-je être une bonne mère ?” Rien de plus normal, hein. La vraie question est la manière dont elles vont venir envahir notre vie.

Les pères et leur couvade

Et en matière d'envahissement, l'homme en tant que partenaire n'est pas en reste. Depuis l'Antiquité, d'ailleurs, on lui observe des modifications hormonales telles que des prises de poids, que l'on appelle couramment le “symptôme de couvade”. Ils vivent en quelque sorte aussi une grossesse psychique liée à l'attente d'un enfant et à la construction du devenir père. Et ils sont inquiets, oui, bien sûr ! Mathilde Bouychou nous explique qu'elle reçoit de plus en plus d'hommes qui sont déstabilisés pendant la grossesse de leur conjointe, qui ne trouvent plus leur place, qui s'interrogent. Ce serait souvent lié à leur relation à leurs propres parents ou à une image du père défaillante, par exemple : comment faire mieux ? Comment faire autrement ? Comment être un modèle plus rassurant et plus structurant ?

Faire de la place

Et l'on en revient toujours au même constat : les hommes s'autorisent moins culturellement et sociologiquement à faire de la place pour eux, à parler, à décoder. Pourtant, les groupes de parole dédiés aux futurs pères dans les maternités sont pleins ! "Malheureusement, les hommes restent très exclus, notamment par le corps médical qui considère que la grossesse est une aventure exclusivement féminine. Et on les force ensuite à être présents en salle de naissance pendant l'accouchement parce que, soi-disant, aujourd'hui, c'est leur rôle et leur place, mais, là encore, sans leur demander leur avis !" Il y a aussi chez l'homme des changements fondamentaux qui s'opèrent à ce moment-là : "Les études le montrent, les hommes trompent plus leur femme en période périnatale, ont des comportements plus violents ou consomment plus de drogues. C'est bien l'expression de quelque chose qu'ils mettent en acte et qui ne peut pas être parlé", nous confie enfin Mathilde Bouychou.

Si le mot "enceinte" – du latin *incicta*, "entourée d'une ceinture" – est bien le participe passé du verbe "enceindre", l'accord au masculin devrait donc pouvoir exister. S'il ne l'est pas physiologiquement, l'homme est bien enceint psychiquement et la notion de parentalité ne devrait pas intervenir seulement après l'accouchement. Mathilde Bouychou conclut : "En France, la surmédicalisation du temps de la naissance conduit notamment à vivre la grossesse et l'accouchement comme un risque et conditionne les femmes et les hommes à adopter certaines positions qui ont un impact sur ce qu'ils s'autorisent à vivre, à exprimer." En se centrant exclusivement sur sa patiente, ce système réduit l'aventure de la naissance à un sujet de biologie au détriment de l'expérience psychique qui n'appartient pourtant pas qu'aux futures mères, merci.

Mythologie *versus* morphologie/ 2e échographie

Oui, c'est le moment, tu vas pouvoir voir un petit peu plus que l'espèce d'embryon que tu as vaguement vu bouger dans ton ventre à l'échographie du premier trimestre. Car ton fœtus n'est plus un embryon et il ressemble déjà plus à un bébé.

Mais justement, à quoi il ressemble ? Il faut savoir que cette échographie est dite "morphologique", et que ce n'est pas pour rien. C'est un examen super important, d'où le silence (lourd) qui veut dire concentration (intense) de ton médecin, durant lequel la majorité des malformations peuvent être décelées. On étudie la forme et la structure de la tête, les éléments du visage – tu as peut-être eu l'angoisse du bec-de-lièvre, c'est l'occasion de te rassurer et de repartir avec un beau cliché de sa face –, la colonne vertébrale, le fonctionnement du cœur, et on compte les organes et les membres, estomac, vessie, deux reins, deux bras, deux jambes, deux mains, deux pieds, cinq doigts, dix doigts, cinq doigts, dix doigts. OK, il y a tout. On mesure également son périmètre céphalique et abdominal, le diamètre bipariétal et la longueur du fémur afin de faire une estimation de son poids. Et enfin, crucial, on vérifie la position du placenta et les “échanges”, à savoir ce qui se passe, ou plutôt ce qui passe entre ton représentant le placenta et lui… ou elle.

Car, OUI (cri de joie), c’est aussi maintenant que tu peux savoir, ou confirmer, le sexe de ton futur enfant. De plus en plus de parents aujourd’hui décident cependant de garder la surprise. Pourquoi ? Certains pensent que c’est une manière de vivre un moment important à deux. La naissance de ton enfant + la découverte de son sexe conjuguées au même moment = une intensité au carré, c’est sûr. D’autre part, si tu avais une préférence fille ou garçon, tu t’épargnes le risque de la déception. Ce jour-là, tes hormones et tes endorphines vont bosser pour te la faire oublier rapidement. Mais aussi, et c’est l’explication qui nous plaît, ne pas connaître le sexe de son futur enfant est une manière d’éviter les comportements stéréotypés ou stéréogenrés. Niveau jouets, niveau vêtements, niveau projections, tu es obligée de te figurer un monde *genderless*, et ce n’est pas plus mal.

INFO

Avortement médical ou IMG (interruption médicale de grossesse)

Appelée également "avortement thérapeutique", l'interruption médicale d'une grossesse peut être pratiquée si au moins deux médecins membres d'une équipe pluridisciplinaire attestent soit que la poursuite de la grossesse met en péril grave la santé de la femme, soit qu'il existe une forte probabilité que l'enfant à naître soit atteint d'une affection d'une particulière gravité reconnue comme incurable au moment du diagnostic. La décision de recourir à l'IMG appartient aux médecins et au couple ou à la femme concerné(e). Contrairement à l'IVG (interruption volontaire de grossesse), l'IMG peut être pratiquée en France au-delà de la 12e semaine de grossesse, sans limite d'âge. Elle est prise en charge par l'Assurance maladie.

INFO

Enceinte et déprimée ?

Tu as sûrement déjà entendu parler de la dépression post-partum. En revanche, peu de gens connaissent la version pré-partum. Et pourtant, ça existe. Malheureusement, être enceinte et déprimée, c'est le cocktail parfait pour te culpabiliser. Du coup, ne rien dire et laisser pisser paraît en premier lieu la solution la plus raisonnable. Mais non, car oui, tu peux être déprimée à certains moments de ta grossesse, au début, au milieu ou à la fin, à cause des modifications hormonales ou à cause de phénomènes psychiques – mille choses peuvent être à l'origine de cela. Ton état tout entier a des effets sur toi et, par extension, sur ton fœtus. Et ça n'a rien d'extraordinaire ! On estime qu'un tiers des femmes ayant connu une dépression postnatale avaient déjà présenté des symptômes jamais dépistés pendant la grossesse… Sauf que les travaux d'Elina Wolford, spécialiste en neuropsychologie à l'université d'Helsinki, montrent que plus la femme enceinte est déprimée pendant sa grossesse, plus l'enfant à naître risque de développer les symptômes du TDAH, trouble du déficit de l'attention avec ou sans hyperactivité. Bref, il paraît que la dépression prénatale a un effet sur le développement du système nerveux du fœtus. Selon Wolford encore, l'organisme produit alors des glucocorticoïdes, les hormones du stress, transmises au fœtus via le placenta. Une bonne raison de prendre ce phénomène au sérieux, en commençant par arrêter de culpabiliser et de faire culpabiliser.

5 000

c'est le nombre approximatif d'interruptions médicales de grossesse pratiquées en France chaque année.

1,7 c'est le pourcentage approximatif de personnes intersexuées dans la population, c'est-à-dire le nombre de bébés qui naissent avec des caractéristiques intersexuelles, dotés par exemple à la fois d'ovaires et de testicules, ou d'équilibres hormonaux qui ne permettent pas de les classer clairement dans un sexe donné.

22 c'est à peu près à ce nombre de semaines d'aménorrhée que l'on réalise la deuxième échographie.

381 310

c'est le nombre de garçons nés en France en 2016.

363 387

c'est le nombre de filles nées en France en 2016.

40

c'est en euros le prix approximatif d'un doppler, appareil grâce auquel on peut écouter les battements du cœur du bébé.

INFO

Enceinte et à moto, en voiture, en avion, à vélo, en train

Oui, tu t'es déjà posé la question : est-ce que je peux monter en voiture ? Est-ce que je peux continuer à faire de la moto ? Jusqu'à quand est-ce que je peux prendre l'avion ? Eh bien malheureusement, on est désolé de te décevoir de nouveau, mais la réponse est floue. Comme pour ce que tu manges, tout dépend encore une fois de toi et de ta grossesse. Certaines femmes vont au travail en voiture jusqu'au dernier moment et d'autres font de la moto jusqu'à 7 mois – moment fatidique où le ventre commence à flirter avec le réservoir… Mais sais-tu déjà quels sont les risques précisément liés à ces transports ? Le risque n° 1 est la formation d'un caillot (amas de plaquettes) dans le réseau vasculaire des membres inférieurs (phlébite) du fait de la position assise prolongée – à savoir que la grossesse multiplie par dix environ le risque de phlébite. Non, ce ne sont pas les vibrations qui sont dangereuses, parce que tout vibre en fait, la voiture, le bus, le scooter, le métro, et que pour l'instant, ça n'a jamais fait accoucher personne ! Attention cependant, trop de vibrations, trop fortes et trop longtemps, peuvent effectivement dans certains cas déclencher des contractions. Encore une fois, tout dépend de ta grossesse. Autre risque évident, l'accident. Faire de la moto enceinte, donc, n'entraîne que ta responsabilité. Enceinte ou pas, tu peux tomber et te faire mal. Enceinte tout court, tu peux ne pas faire mal qu'à toi. Pareil pour le vélo. Rien ne t'empêche de pédaler jusqu'à 8 mois, à part tomber. Le train resterait ainsi le moyen de transport le plus sûr : pas de pression, peu de vibrations, peu d'accidents et une liberté totale de bouger. Pour l'avion, enfin, les recommandations sont simples. La plupart des compagnies (elles sont libres de faire comme elles veulent) autorisent le voyage d'une femme enceinte jusqu'à 28 semaines d'aménorrhée sans certificat, puis jusqu'à 32 semaines avec présentation d'un certificat pour une grossesse simple.

MON VENTRE EST À MOI !

Constat du mois : le monde entier va se croire le droit de faire des commentaires sur ton “état”. La vieille dame dans le bus, le SDF sur le quai du métro, ton patron, le caissier du supermarché, ton voisin, tes collègues, etc. C’est la culture du commentaire qui envahit ta vie. “Qu’est-ce que la grossesse vous va bien !”, “Ohhhh, c’est pour quand ?”, “Je parie que c’est un garçon, ça se voit...” MAIS c’est aussi cette même vieille dame qui va se lever dans le bus pour te laisser sa place, ou ce jeune homme qui va te laisser passer devant dans la queue du supermarché. Réfléchis à ce que tu voudrais faire ou aurais besoin de faire et qui nécessite beaucoup, beaucoup, beaucoup de patience ; tu pourrais bien pendant ces neuf mois gagner du temps en usant notamment du principe par nature “coupe-file” de ton fameux état, au musée, dans les commerces, dans les transports en commun et, *thank god*, dans les administrations. En contrepartie, voici quelques situations types où l’autre s’oublie et croit qu’il peut tout te dire et quelques suggestions pour t’en sortir. Anticiper et s’entraîner à réagir.

Situation n° 1

Tu es dans le bus. Un inconnu te sourit, tu souris poliment en retour. Il s'approche. Merde. "La grossesse vous va si bien, vous êtes rayonnante. C'est pour quand ? Ah, vous allez voir, c'est superbe d'avoir des enfants… Vous savez si c'est une fille ou un garçon ? Vous habitez dans le coin ? Je peux peut-être vous offrir un café ?" *What the fuck, man?* Je suis enceinte de 5 mois et t'es en train de me draguer, ou quoi ?! "Non merci. C'est gentil. Je n'ai pas le temps, je rentre chez moi." Tu n'as évidemment auparavant répondu à aucune de ses questions.

Situation n° 2

Dans la queue à la boulangerie, la dame devant toi se retourne : "Oh, c'est merveilleux !", et comme ça, sans prévenir, pose ses mains sur ton ventre. *What the fuck, woman?* C'est toujours la même injonction que tu as en tête : "Oui, et c'est à moi…", ou plus soft : "Pardon, mais je n'aime pas trop ça…" Dans les deux cas, tu prends gentiment ses mains et tu les repousses.

Situation n° 3

À la caisse du supermarché, deux femmes te regardent : “Ah, mais ça, c’est un futur petit garçon. — Pas du tout, le ventre est en avant, c’est une fille ! — Ben non, c’est l’inverse. — Madame, madame ! Vous connaissez déjà le sexe ?”

Ça va ? Vous voulez peut-être que je vous laisse tranquilles pour discuter ? “Non. Mais je ne crois pas que la forme de mon ventre soit très révélatrice du sexe de mon futur enfant.” Libre à toi de sourire ou pas.

Situation n° 4

En soirée avec ton/ta conjoint(e), un mec s’approche. Il est bourré : “Et comment vous faites pour faire l’amour ?! Haha, ça ne doit pas être simple…”

Oui, connard (ou non, connard). “Tu veux qu’on t’explique ? Ou mieux, qu’on te montre ?” Rire, ou juste sourire, est une option assez humiliante pour l’autre aussi.

QUELS PARENTS VOUDRAIT-ON ÊTRE ?

Devenir père, devenir mère, devenir parents. Voilà, ton futur bébé est bien réel, il va bien, il grandit, et à ce stade, il a plus de 95 % de chances d'arriver dans ta vie. Oui, ça fait beaucoup. Du coup, c'est le moment de t'interroger sur tes fantasmes en matière de *parenting*, de les peser au mieux pour tenter de les appliquer au mieux. En gros, ton avenir de parent se précise, ou essaie de se préciser. Qu'est-ce que tu attends de l'autre ? Qu'est-ce que tu attends de toi ? Quelles sont les qualités dont vous espérez faire preuve dans cet exercice ?

Quelles sont nos qualités dans notre relation à deux ?

Qu'est-ce qu'un bon parent pour toi ?

Quelles seraient mes qualités en tant que parent ?

Qu'est-ce que tu ne voudrais pas reproduire ?

Quelles sont les choses les plus importantes dont un enfant a besoin pour grandir ?

Quelles seraient tes qualités en tant que parent ?

Qu'est-ce que tu aimerais transmettre ?

Qu'est-ce que l'on voudrait changer avant d'accueillir un bébé ?

MOIS 6

Voulez-vous coucher avec moi, ce soir ?

“L’orgasme n’est pas très loin quand Tom s’arrête, me regarde profondément et me demande sérieusement : “Tu penses que je peux lui faire mal ?” Moi, surprise : “À qui ?” Tom, inquiet : “Au bébé !” Ah, oui, heu..., ben je n’y avais même pas pensé. Je ne crois pas. Je ne sais pas, en fait. Je me suis dit tout à coup qu’on n’était plus seulement deux dans ce moment intime, mais désormais trois. Flippant.

Ce soir-là, on puise lui et moi à différentes sources. Le sexe n’entraîne aucun danger pour le futur bébé. Soupir de soulagement. Cependant, le désir peut être altéré. Ah oui, je confirme. Depuis mon 4e mois de grossesse, j’ai commencé à faire régulièrement des rêves érotiques, très érotiques, ce qui n’était bien évidemment pas la première fois de ma vie, hein, mais avec cette intensité et à cette fréquence ?! *Waouh*. Je sais que les changements hormonaux jouent un rôle crucial dans ce phénomène, mais de là à ce que le désir me réveille au beau milieu de la nuit ! Je regarde Tom qui dort profondément à côté de moi et je me demande pourquoi l’envie n’est pas là au bon moment...

Il paraît que c’est tout à fait normal. Deuxième soupir de soulagement. Pendant la grossesse, certaines femmes ont même des orgasmes pendant leur sommeil ! La classe ! Et il paraîtrait aussi qu’au cours du deuxième trimestre, les femmes atteignent l’orgasme plus facilement et avec plus d’intensité grâce à une zone génitale plus irriguée et oxygénée. Certaines racontent connaître des orgasmes d'un niveau jamais atteint avant la grossesse. D'autres aussi découvrent l'orgasme pour la première fois. Non, on n'ira pas jusqu'à remercier son fœtus pour ça.

Mais ce qui n'est pas moins normal, c'est de ne plus avoir envie de faire l'amour du tout. La chute totale de la libido est très commune, surtout pendant les premiers mois de la grossesse. Mais attention, patience, elle peut également se prolonger après, jusqu'à l'arrivée du bébé et même après, après. Et, soupir de soulagement numéro 3, ces montagnes russes du désir ne concernent pas que les femmes. Élisa, par exemple, m'a raconté que son mari Clément ne voulait plus faire l'amour du tout à la fin de sa grossesse. "Il voyait mon corps comme un temple sacré." Sérieux ?! On a bien ri. Entre glorification du corps devenu intouchable, sensation d'être trois, angoisse de faire mal, confusion symbolique entre la femme et la mère – un bon *killer* de désir, celui-là –, la situation peut s'emballer pour les hommes aussi.

Pourtant, les études montrent que la plupart des couples se retrouvent au contraire plus profondément pendant la grossesse et plus intensément sexuellement. Un corps qui change pousse aussi à la nouveauté. Oh oui. La grossesse est le bon moment pour essayer de nouvelles choses qui font du bien dans tous les sens. Même au futur bébé, sur qui le plaisir irradie, via le placenta. Évidemment. ❞

Pihla

CE MOIS-CI

Tu as des bouffées de chaleur, lui voit et pleure

Tu as chaud ? C'est normal. Tu produis plus de sang et cette suractivité te donne une sensation de chaleur. Bon courage si c'est l'été.

•

Ton futur bébé sait ouvrir et fermer les yeux, et il peut même déjà pleurer ! Il développe son dernier sens : la vue.

•

Il entend aussi très bien maintenant. Parle-lui, parlez-lui, chantez, criez, sifflez, jouez de la musique et soyez surpris qu'il vous réponde.

•

Dans son cerveau, se développent environ 250 000 divisions de cellules nerveuses par minute (!).

•

Il lève aussi ses bras, joue avec le cordon et met son doigt sur sa bouche.

•

Ses poumons se développent de plus en plus et il peut déjà réaliser des mouvements respiratoires.
C'est pour cette raison-là qu'il a le hoquet de temps en temps.
Tu as bien entendu, le hoquet. Et tu pourras sans doute le sentir un peu déjà.

Attention, les femmes enceintes ronflent souvent à partir du 6e mois de grossesse. Eh oui, tu respires pour deux.

•

Ton petit fœtus n'est plus si minuscule : il mesure environ 33 cm et il pèse à peu près 900 g.

•

Tu commences à avoir du mal à te détendre ou à dormir ? C'est normal et ce n'est que le début.

•

En revanche, ton futur bébé, lui, peut déjà avoir un rythme de sommeil plus régulier qu'avant. Tu peux le noter, enfin, essayer de le noter.

•

Surtout à la fin de la journée, tu peux avoir les pieds gonflés. Si tu as mal, oublie les talons pour un moment et surélève tes pieds quand tu le peux. Tu as le droit, même au boulot.

•

Tu peux aussi avoir des brûlures d'estomac, mal au dos et des crampes aux jambes. Ça fait partie du jeu.

•

Ça y est, ton utérus a atteint ton nombril. Résultat, tu peux avoir mal à l'abdomen.

•

C'est le moment où les vergetures peuvent apparaître. Laisse tomber.

•

Si tu accouchais maintenant, ton bébé serait considéré comme un grand prématuré.

MÉNAGE À TROIS

Être enceinte et rataconniculer ?

Répète après moi : faire l'amour ne peut pas provoquer une fausse couche, ni faire mal au bébé. Non. Le sexe nous fait en réalité du bien pendant la grossesse. Oh oui. C'est **Catherine Garcin**, sexologue et sage-femme, qui le dit et on la croit.

De quelle manière la grossesse peut-elle bouleverser la vie sexuelle d'un couple ?

"Bouleverser est un grand mot. Mais changer oui. Il faut savoir que dès l'instant qu'il y a un projet de grossesse, la sexualité du couple va se modifier et devenir plus intense. Ensuite, au début de la grossesse, la femme n'est pas forcément très en forme ou disponible pour se livrer à une relation sexuelle à cause de l'hypersomnie et des nausées. Cependant, après le premier trimestre, la vie sexuelle reprend dans la grande majorité des cas. Il n'y a pas de raison d'avoir peur des rapports sexuels même si le parcours pour être enceinte a été chaotique. À tout point de vue, pendant la grossesse, le corps de la femme va se modifier, physiquement, hormonalement et physiologiquement. La sexualité peut s'épanouir ou pas. Il faut savoir que 10 % des couples ne font pas l'amour pendant la grossesse. Cela est en lien direct avec l'activité sexuelle avant la grossesse. La libido peut être amplifiée ou bien disparaître derrière la crainte de faire mal au bébé."

Quels sont les doutes ou les inquiétudes que rencontrent généralement vos patients ? Sont-ils différents chez la future mère et chez le futur père ?

"C'est de savoir si c'est dangereux ! Il n'y a aucune contre-indication à faire l'amour quand la grossesse se passe bien. Aux échographies, et surtout à la dernière au 7e mois, on peut parfois constater un col ouvert ou un placenta bas inséré dans l'utérus, ce qui peut provoquer des hémorragies lors des mouvements coïtaux lors de la pénétration. Assez fréquemment, des saignements surviennent en début de grossesse. Si l'évolution est favorable, la sexualité est possible, passé cette période inquiétante pour le couple. La plupart du temps, les saignements minimes sont provoqués par le contact du pénis sur le col de l'utérus fragilisé lors de la grossesse. Il n'y a alors aucun critère de dangerosité pour le fœtus. Certaines femmes craignent l'orgasme car il provoque des contractions. Mais est-ce que cela peut déclencher un accouchement ? Non (il faut toutefois être prudent en cas de menace d'accouchement prématuré en demandant l'avis de la sage-femme ou du médecin). Les futurs pères ont la crainte de faire mal au bébé et/ou à leur partenaire. Ils peuvent être gênés voire inhibés lorsque les mouvements du bébé sont visibles. Parfois, ils ont aussi des difficultés à érotiser le corps de leur partenaire, ce qui les inhibent dans leur désir sexuel."

Quelles peuvent être les raisons d'un changement de libido pendant la grossesse ? Chez la femme ? Chez l'homme ?

"Tout d'abord, faisons une différence entre la libido et le désir. C'est un peu comme "la faim" et "la gourmandise" : la première est quantitative, répondant à un besoin de décharge d'une tension sexuelle.

Le désir est plus qualitatif car il associe une anticipation mentale à un rapprochement sexuel, en lien avec une excitation génitale plus ou moins conscientisée. Certains futurs pères peuvent avoir une forte libido, mais peu de désir sexuel pour leur femme enceinte (en lien avec la difficulté d'érotisation du corps gravide). Il est alors probable qu'ils développent une activité masturbatoire plus intense. Parfois, chez la femme enceinte, on observe une augmentation de la libido dont l'origine est multifactorielle : physiologiquement, l'engorgement vasculaire du vagin est favorable à une meilleure lubrification et une amélioration des sensations vaginales. Ces modifications facilitent la réponse sexuelle et l'accès à l'orgasme. Parfois, les futurs pères sont en difficulté pour répondre à cette sexualité qui se débride. Après la période des nausées, et face aux grandes variations d'humeur et d'hypersensibilité émotionnelle de la femme enceinte, les hommes ne comprennent pas et/ou ne savent plus quoi faire."

Pourquoi la sexualité des hommes pendant la grossesse est-elle peu abordée ?

"Il y a peu d'études sur la sexualité des hommes pendant la grossesse. Le plus souvent, il s'agit de recherches réalisées dans le domaine de la psychologie sur la mise en place de la paternité. Dans mes cours de préparation à l'accouchement, plutôt que de parler directement de sexualité, j'aborde le sujet par le versant relationnel du couple, je souligne l'importance de savoir effectuer des remaniements dans son couple, pour retrouver de l'intimité, malgré la présence du bébé. Pour discuter de sexualité pendant et après la grossesse, l'idéal serait de créer des groupes séparés femmes/hommes (comme cela est fait en matière d'éducation sexuelle, auprès des enfants et adolescents)."

Que conseillez-vous pour surmonter les problèmes ou changements dans la vie sexuelle d'un couple ?

"Le conseil que je donne toujours en prénatal ou postnatal, c'est que la sexualité ne se résume pas à un acte de pénétration. S'il y a des craintes, la sexualité peut se faire dans la sensualité en développant les préliminaires, la masturbation entre partenaires, le sexe oral... Plus le registre sexuel est limité, plus le couple se retrouvera en difficulté pour opérer des changements. On peut dire que, moins la sexualité est présente dans le couple avant la grossesse, moins elle le sera pendant la grossesse. En d'autres termes, ce sont les couples les plus investis sexuellement avant la grossesse qui surmonteront le mieux les changements dus à la grossesse. Ni la grossesse ni l'accouchement ne doivent être un obstacle à l'épanouissement de la sexualité dans son sens le plus large. Il faut savoir exprimer à son ou sa partenaire ses craintes ! Osez dire que vous avez peur de la pénétration, mais que vous avez du désir pour votre partenaire. Il faut garder à l'esprit que la sexualité des hommes peut aussi se trouver perturbée par la venue d'un enfant. Le sexologue et psychiatre Philippe Brenot, dans son enquête sur la sexualité des hommes (*Les hommes, le sexe et l'amour*, édition Les Arènes, 2011), a révélé qu'ils sont 55 % à déclarer que les enfants peuvent être une gêne pour le couple car ils modifient le climat amoureux et peuvent être une source d'éloignement des partenaires. Par ailleurs, pour celles et ceux qui pensent que les hommes sont peu friands de préliminaires, dans cette même enquête, ils sont 60 % à déclarer que la qualité d'une relation sexuelle se définit par un moment d'intimité partagée."

Quels sont les effets positifs du sexe pendant la grossesse ? Sur les parents et sur le bébé ?

“Pour les femmes, cela peut être de découvrir un corps qui répond différemment aux stimulations sexuelles, de repérer de nouvelles sensations de plaisir sexuel, parfois plus intenses, de percevoir certaines réponses de leur corps qu'elles ne connaissaient pas avant et de mettre en place plus de repères à leur excitation et à leur plaisir sexuel. Développer une sexualité différente, plus relationnelle, avec plus de préliminaires, se faire plaisir en se touchant. En augmentant la sensorialité au sein du couple et en s'adaptant aux contraintes physiques de la grossesse, de nouvelles pratiques ou positions sexuelles peuvent être expérimentées. Et pour les bébés ? Mécaniquement, rien. Mais un moment d'intimité sexuelle partagé ne peut que renforcer les liens du couple et l'attachement au bébé. Attention, ne stigmatisons pas : un couple qui n'a pas de lien sexuel peut très bien s'entendre, bien sûr. L'important est que les choix se fassent dans le respect de l'un et de l'autre. Pour un enfant, c'est implicite que ses parents fassent l'amour. Il perçoit le lien amoureux par les marques de tendresse au sein du couple parental et cela peut jouer un rôle dans la construction de sa future sexualité. Je conclurais en disant que la sexualité est importante pendant la grossesse et inoffensive ! Il faut savoir opérer des changements et trouver une nouvelle énergie au sein du futur couple parental. Plus les liens sont renforcés pendant la grossesse, plus ils se renforcent lors de l'accouchement. Et c'est dans ce contexte de solidité du lien conjugal que les compétences parentales de chacun s'exerceront le mieux.”

"Tu enfanteras dans la douleur"

Pardon ? Non mais ça va pas ?! Pendant des siècles, si elle faisait, on l'espère, la joie de certaines femmes, la grossesse était aussi perçue comme une fatalité. Oui, ce n'est pas comme si elles avaient le choix... Sans parler des cas de grossesse hors union ou hors mariage carrément vécus comme une malédiction et sacrément punis, même dans un cadre officiel, la grossesse embarrasse car elle est le symbole impudique d'une union féconde. Oui, j'ai couché avec quelqu'un. Renée Greusard, dans son ouvrage *Enceinte, tout est possible* que nous avons déjà cité, nous ravit de nouveau d'un petit point linguistique : "Tomber enceinte. Quelle drôle d'expression ! On dit "tomber enceinte" comme on dit "tomber malade", comme s'il s'agissait d'une chute imprévisible." Puis, elle développe : "Pire, en espagnol, on m'aurait dit embarazada (littéralement "gênée, embarrassée"). Les Anglais, eux, évacuent le malaise en le contournant habilement, sur la pointe des pieds, tout en élégance. Ils me diraient expecting, "en train d'attendre", ou pregnant, du latin *prægnans*, qui désigne déjà la femme enceinte, mais signifie aussi "qui est près de produire", "enflé", "gonflé"."

S'il faut attendre la fin des années 1960 en France pour avoir des images heureuses de maternité, c'est parce que c'est uniquement à ce moment-là que la grossesse devient un choix et transforme donc radicalement sa représentation sociale. Grâce à l'arrivée de la pilule d'abord, puis grâce au droit à l'IVG, mais aussi grâce à la connaissance. Les médecins se font plus nombreux, la grossesse se médicalise, s'encadre, et les femmes sont moins victimes sans comprendre des effets de leur corps. On ôte le manteau de mystère pour saisir le phénomène de la grossesse et celui de l'accouchement. *Out* la maternité esclave, le corps est enfin libre. Mais qu'en est-il de sa représentation ?

C'est aussi à cette période qu'apparaissent donc les premières représentations de la femme enceinte dans la publicité. Elle véhicule l'image d'une femme heureuse, ingénue. Jusqu'alors un peu infantilisée et immature, on bascule dans les années 1990 – merci modernité – vers une femme enceinte active, au travail, en voiture, dans la rue, en vacances. Dans sa thèse *L'Image de la femme enceinte dans la publicité. Point de vue d'un gynécologue-obstétricien. Cette image a-t-elle modifié notre pratique médicale ?* rédigée en 1993, le Dr Vincent Ducrotoy, gynécologue-obstétricien, souligne néanmoins déjà les prémices d'un glissement de cette représentation. "Un examen attentif des publicités révèle que la future mère mise en scène est le plus souvent une femme d'une trentaine d'années, souvent dénudée et dont le ventre bien arrondi témoigne d'une fin de grossesse. Les mains posées sur le ventre, la tête fléchie en avant, elle adopte généralement une attitude méditative." Bon, recueillie, ce n'est pas nouveau – on retrouve évidemment cette posture dans l'art, notamment à la Renaissance –, c'est de nouveau là, pourrait-on dire. Mais dénudée ? Oui, car il y a toujours une petite touche discrète d'essentialisme et de naturalisme dans la maternité qui nous rappelle qu'en matière de grossesse, la pureté n'est jamais trop loin. À l'encontre pourtant aujourd'hui d'une augmentation massive de la médicalisation de la naissance... Nourricière, protectrice, puissante mais fragile, épanouie. On a dit libre ? Gageons que pratiques et représentations ne font jamais bon ménage.

GROS MOT

Ocytocine

L'ocytocine, également appelée "hormone de l'amour", est une hormone synthétisée par l'organisme au niveau du cerveau, plus précisément par l'hypothalamus. Chez la femme, elle permet entre autres de stimuler l'émission de lait, ainsi que les contractions utérines. Mais, de manière plus générale, elle est impliquée dans de nombreuses fonctions émotionnelles et relationnelles de l'organisme. Si cette hormone est surtout connue pour accélérer l'accouchement en influant sur les contractions – son nom signifie d'ailleurs littéralement "accouchement rapide" –, elle aurait aussi un effet sur la confiance, l'empathie, la générosité, le lien social et la réactivité au stress. Mais l'ocytocine est aussi l'"hormone de l'orgasme". Oui, elle est sécrétée dans les deux sexes lors du coït. Il a donc été prouvé scientifiquement que faire l'amour en fin de grossesse pouvait favoriser le déclenchement du travail. En plus de l'ocytocine, les prostaglandines contenues dans le sperme aident à dilater le col de l'utérus. Si la nature a voulu que l'hormone soit sécrétée par la mère en présence de son enfant en vue de s'y attacher et de le protéger, elle a aussi voulu qu'elle soit sécrétée lors des rapports sexuels afin de favoriser, donc, le lien et le rapprochement entre les deux partenaires et, allons plus loin, en vue d'élever ensemble l'enfant à naître.

INFO

Mon utérus se contracte… pour rien

Tu l'auras compris, ton utérus est un muscle sur lequel tu as peu voire pas d'emprise et qui se contracte spontanément au cours de ta grossesse. Ces contractions, d'une durée d'une demi-minute à une minute, peuvent être ressenties par les femmes à partir du 4e mois, sans générer de douleurs particulières. Certaines passent même inaperçues. Facile. Elles sont irrégulières et de faible intensité – rien à voir avec celles vécues au moment de l'accouchement ! On les appelle "contractions de Braxton Hicks". Leur survenue est normale et permet au corps de se préparer pour le *big day*. Mais lorsque celles-ci sont très fréquentes et se produisent au moindre effort, l'utérus est qualifié de "contractile". Pas de chance. Au-delà de 10 contractions par 24 heures, il faut s'assurer qu'elles n'entraînent pas l'ouverture du col de l'utérus, car elles pourraient être à l'origine d'une naissance prématurée, c'est-à-dire survenant avant la 37e semaine d'aménorrhée. Dans ce cas, repos. C'est-à-dire ? En gros, pas d'activités physiques, pas de port de charge et pas de trajets en voiture… Enfin, à doser, bien sûr. Mais – c'est bien là que réside toute la subtilité – comment faire la différence entre une contraction et les sensations provoquées par les mouvements du futur bébé ? Chacune de ces situations peut tendre le ventre. Un bon moyen de les distinguer est leur étendue : en cas de contraction, l'ensemble du ventre durcit, alors que la tension est plus localisée lorsqu'elle est provoquée par l'activité du bébé. Bon à savoir : les douleurs ligamentaires peuvent aussi être confondues avec des contractions, mais elles durent plus longtemps et sont plus vives. Normalement, si tu t'allonges, une douleur ligamentaire disparaît, alors qu'une contraction non.

10 c'est le pourcentage de couples qui ne font pas du tout l'amour pendant la grossesse.

24 c'est, en centimètres, ta hauteur utérine approximative ce mois-ci. On la mesure à la verticale lors de la visite prénatale à la maternité ou chez la sage-femme/gynécologue pour estimer la croissance du fœtus et la quantité de liquide amniotique.

3 c'est, en centimètres, la longueur moyenne du col utérin pendant la grossesse. Il va se ramollir progressivement, mais reste fermé et postérieur jusqu'à la fin de la grossesse.

1,25 c'est, en litre, la quantité de sang supplémentaire que ton cœur pompe pour transporter la nourriture et l'oxygène jusqu'au fœtus.

5-10 c'est le pourcentage de femmes enceintes touchées par l'hypertension, la complication la plus courante.

ALLEZ, VIENS, FAISONS L'AMOUR !

Constat du mois : tu peux faire l'amour enceinte. VOUS pouvez faire l'amour enceints. Déjà, "faire l'amour" ne veut pas forcément dire "pénétrer". Commençons par les préliminaires. C'est le plus facile, ça n'angoisse personne et c'est le plus plaisant. Car il s'agit bien de plaisir, oui. Faire l'amour, ne pas faire l'amour, tout cela t'appartient. Simplement, ne laisse pas ton ventre t'empêcher d'avoir envie. En vrai, tu n'as pas besoin de conseils, de listes ou de livres pour imaginer ce qui vous ferait plaisir. Tu n'es pas obligée de changer tes habitudes ou de faire évoluer tes positions préférées. Tu peux aussi tout bonnement changer d'endroit ou changer de pièce pour stimuler ton désir. Comme tout le monde, en somme. Tu sauras imaginer les solutions qui te conviennent. Néanmoins, il y a des choses que même l'imagination ne peut atteindre. Voici quatre suggestions de positions pour faire l'amour enceinte, trouvées en ligne sans trop chercher. Le Kama-sutra de l'inimaginable que l'on n'a, bien sûr, pas essayé. Mais dont on ne pense pas moins.

♥ La position du roseau

En gros, toi enceinte, tu te mets sur le dos et tu fais le pont avec ton bassin. Toi partenaire, tu te mets entre ses jambes et tu tiens tant que tu peux ledit bassin, les mains sous les fesses de ta conjointe. Il paraît que cette position du roseau permet de renforcer les abdominaux et laisse l'homme avoir l'impression de tout diriger. Pardon ? Comme si tu n'avais que ça à faire oui, penser à tes abdominaux et à ton partenaire est crucial entre deux nausées ! Autant dire qu'il faut une forme +++ pour toi en position *shoulder bridge pilates*. C'est une chose de pouvoir le faire, ç'en est une autre de garder la posture et, ne l'oublions pas, car c'est le but premier de l'exercice, de prendre du plaisir.

♥ La position du tape-cul

Donc là, il s'agit de se mettre face à face, tes jambes sur celles de ton partenaire, croisées. Puis de tanguer ensemble bras dans les bras. Peut-être, tu peux chanter "bateau sur l'eau, on y danse, on y danse...".

♥ La position de la danse aux joyeuses faveurs

Le concept est une variante de la levrette, version ondulation. Objectif étirement du dos et bascule du bassin pour se préparer au jour J. Ne jamais perdre un seul moment dans ta vie, rentabiliser chaque instant en vue du but ultime qui nous intéresse toutes : l'accouchement ! Et le plaisir pour le plaisir ? Le plaisir pour l'orgasme ? Pas le sujet. Spéciale mention pour le nom de cette position dont on n'a toujours pas compris les "joyeuses faveurs".

♥ La position de l'approche du tigre

Tu montes vite fait sur ton mec/ta meuf comme un animal. Au deuxième trimestre, tu deviens une tigresse. Tes hormones te donnent envie de rugir tes envies contradictoires. "*Roar* !", on te comprend.

DE QUOI A-T-ON ENVIE ?

S'il y a bien un sujet qui ne mérite pas mille explications, c'est finalement celui-là.

Tu as envie de faire l'amour ?

Ne développez pas, faites l'amour si toi ou il ou elle en avez envie.

MOIS 7

Inspirer, expirer

“Toc toc toc. Je suis debout devant la porte de chez ma pote Marie, enceinte de huit mois. Mon cadeau pour sa *baby shower* : un lot de langes et une bouteille de *ginger beer* sans alcool. Je m’attends à voir plein de nanas, des *cupcakes* et des tisanes dans tous les sens, et plein de cadeaux mi-mignons mi-ridicules pour la future maman. Je suis programmée pour ça. Pourtant, quand la porte s’ouvre, je suis frappée de surprise. Déjà, c’est Simon, le mec de Marie, qui m’accueille. Ensuite, derrière lui, j’aperçois plein de gars en train de boire des bières. Je me sens complètement idiote. Pourquoi est-ce que j’ai pensé qu’une *baby shower* était un rassemblement exclusivement de femmes ? Pourquoi est-ce que j’ai dit à Tom de rester à la maison ?

“C’est la faute du cinéma américain”, m’a dit une copine. C’est vrai, le concept de *baby shower* n’est pas très commun en France ni en Finlande. C’est un peu comme *Halloween*, une fête que l’on a récemment exportée en Europe mais à laquelle on n’a rien compris, ou à moitié. Dans le cinéma et les séries américaines, on voit des femmes faire une surprise à leur copine avec un *diaper cake*, un gâteau entièrement fait de couches, ainsi qu’une guirlande “*it’s a boy*” ou “*it’s a girl*”, décoration rose ou bleu clair selon. Tout le monde sourit, la femme enceinte est habillée en blanc et les cadeaux consistent en un amas ultra-angoissant de trucs pas ultra-utiles toujours conditionnés par le sexe du futur bébé.

Non, ne culpabilise pas ! Il n’y a bien sûr rien de mal à vouloir organiser une *baby shower* entre copines. Oui, tu as même le droit d’avoir envie du gâteau de couches... Mais il est important de souligner ici que c’est une manière de faire parmi d’autres. Imaginons par exemple que les conjoint(e)s soient toujours invité(e)s à l'événement ? Parce que la grossesse, ça les concerne aussi ! Parce que les couches, les langes et les bodys sont aussi leur affaire ! Imaginons que les cadeaux ne soient pas des bandeaux roses à mettre dans les cheveux des filles qui naîtront aussi chauves que leurs confrères garçons. Allons plus loin et imaginons des présents un peu moins ridicules – qui a pu un jour penser qu'un gâteau fait de milliers de couches, ça faisait envie ? Allons très loin et rêvons d'un événement plus égalitaire, une décision de l'organiser qui se prend à deux, un symbole qui va dans le sens de plus de justice parentale. Les futurs papas sont aussi intéressés par le processus. Pourquoi n'auraient-ils pas eux aussi envie d'être célébrés ?

Retournons à la *baby shower* de Marie et Simon. Sur place, c'était un vrai melting-pot des genres : hommes, femmes, couples, célibataires, mamans, papas, femmes enceintes, soiffards... Les gens buvaient de la bière, de l'eau et du jus. Ils parlaient de famille, de politique, de travail, de cinéma. Les fumeurs fumaient à la fenêtre. Les cadeaux du futur bébé étaient discrètement posés sur son futur lit. Marie ET Simon les ouvraient sans aucune manifestation jubilatoire et remerciaient simplement la personne concernée. C'est la première *baby shower* qui m'a plu.

En partant, j'ai demandé à Marie sur le pas de la porte pourquoi ils avaient organisé l'événement comme ça et elle m'a répondu : “On a pensé qu'on voulait juste réunir nos amis et faire un petit apéro pour marquer le coup de notre future nouvelle vie. Je ne vois pas pourquoi les hommes en seraient exclus ?” Effectivement, moi non plus. ”

Pihla

CE MOIS-CI

Tu as les jambes lourdes, lui a le hoquet

Ton bébé ressent de mieux en mieux les différents goûts des aliments qu'il ingère via le liquide amniotique.

•

Tu as probablement des maux de ventre. Attention à la constipation. Bois beaucoup, beaucoup, beaucoup d'eau pour l'éviter.

•

Ton bébé prend à peu près 500 g.
Pendant que toi, tu peux prendre jusqu'à 400 g par semaine (!) à partir de maintenant.

•

Tu as le droit d'être épuisée. Il pompe toute ton énergie pour développer son cerveau. Il voit déjà un peu, mais surtout, il entend très, très, très bien. Attention à ce que tu dis !

•

Ton utérus atteint le niveau de thorax.
Tes seins continuent de grossir et si tu presses tes mamelons (oui, oui, vas-y), tu vas peut-être voir un peu de colostrum (premier lait maternel) s'écouler.

•

Si, jusqu'à présent, tu n'avais jamais entendu l'expression "jambes lourdes", tu vas probablement savoir de quoi il s'agit. N'hésite pas à plonger tes pieds dans de l'eau froide, par exemple, ou à surélever tes jambes.

Les poumons de ton bébé fonctionnent et il avale beaucoup de liquide amniotique. C'est pour cette raison qu'il peut très souvent avoirle hoquet. Et toi, tu le sais.

•

Ton bébé n'a plus énormément de place, donc il bouge un petit peu moins qu'avant, mais il bouge quand même.

•

Il mesure environ 37 cm. C'est grand, oui.
Sa rétine se forme. Ses cils sont maintenant aussi longs qu'ils le seront à la naissance.

•

Si tu attends un garçon, ses testicules descendent.
Si tu attends une fille, les cellules sexuelles primitives se transforment en ovocytes de premier ordre qui, en revanche, ne peuvent être fécondés avant la puberté.

•

Tes veines sont peut-être plus visibles que d'habitude, c'est lié à la circulation sanguine ralentie.
Tu as probablement mal au dos. Fais attention à ta posture. C'est la faute de ton centre de gravité qui bascule de plus en plus vers l'avant.

•

Une bonne nouvelle : ton ventre s'est arrondi à son maximum ! Alléluia ! Autre bonne nouvelle : ton bébé s'est peut-être déjà tourné et a placé sa tête vers le bas comme il le faut, ou plutôt, comme c'est le plus simple.

•

C'est le mois de la 3e échographie, on va constater la position de ton bébé et estimer son poids de naissance. C'est le moment de prier.

SE PRÉPARER ENSEMBLE

Haptonomie, trio gagnant ?

Scénario classique : tu es un futur père ou une future mère et pour toi, l'idée d'un fœtus dans le ventre de ta compagne est complètement abstraite jusqu'à ce que finalement tu le vois en chair et en os. Scénario alternatif : tu es un futur père ou une future mère et depuis le début de la grossesse, tu suis avec ta femme des séances d'haptonomie grâce auxquelles tu entres en contact avec le fœtus, tu communiques avec lui et ressens ses émotions avant même sa naissance. Eh oui. Grâce à cette méthode, l'expérience *in utero* n'est plus un privilège maternel. L'autre parent peut aussi participer au renforcement des liens avec le fœtus pendant la grossesse, expérience finalement bénéfique pour tous les trois. Grâce à l'haptonomie, le futur enfant trouve d'ores et déjà une place importante dans la nouvelle vie de famille qui s'annonce, devenir trois avant d'être trois.

Mais comment ça marche concrètement ? Cette méthode qui étudie les interactions et les relations affectives humaines est un accompagnement psycho-affectif de la parentalité fondée par Frans Veldman au milieu des années 1940. Dans la pratique, cher(ère) conjoint(e), il te faut tes deux mains et une présence régulière. Tout commence avec la peau. Le bébé y a accès depuis l'utérus, les futurs parents de l'autre côté à l'aide du contact tactile. Au cours des séances – prises en charge par la sécurité sociale (si elles sont faites par un médecin ou une sage-femme) au même titre que les cours de préparation à l'accouchement – et avec l'aide d'un haptothérapeute, on entre en contact avec le bébé et on l'invite à répondre en entamant un dialogue. Oui.

À la base, il faut y croire, hein, à la vie affective d'un tout petit fœtus. Selon la pédiatre et haptothérapeute **Catherine Dolto** (oui, la fille de la célèbre pédiatre et psychanalyste Françoise Dolto) qui accompagne les parents en haptonomie depuis plus de 30 ans, on perçoit clairement que l'enfant est en quête de relations affectives et de communication avec sa mère et ceux qui l'entourent. Le giron maternel – qui désigne l'ensemble formé par l'utérus, le périnée, le diaphragme thoracique, les muscles abdominaux et le diaphragme scapulaire – est modifié par l'approche affective. "Le bébé s'allume, m'a dit une fois une mère, il s'éveille. Il répond, il cherche le contact, il discerne la moindre modification du giron, la disponibilité de sa mère et la présence de son père. Il guette tout ce qui fait signe et sens. Il apprend le monde dans lequel il va entrer. Il commence à comprendre qu'il y a des temps de séparation et des temps de retrouvaille. Autrement dit, les expériences enrichissantes commencent bien avant la naissance et elles sont fondatrices", nous raconte Catherine Dolto.

Et pas que pour l'enfant ! Le/la conjoint(e) ancre aussi sa place de parent grâce à l'haptonomie. "L'importance accordée à sa présence et l'aide qu'il apporte à la mère donc à l'enfant, à l'enfant donc à la mère, lui donnent un rôle très spécifique. Sans se mettre en rivalité avec la mère, le père peut vivre la tendresse partagée depuis sa place d'homme. Les parents offrent ensemble à l'enfant une confirmation affective, chacun à sa manière. C'est cette confirmation affective qui leur permettra de développer un sentiment de sécurité de base. L'enfant en leur répondant leur confirme affectivement à son tour, tandis qu'eux se confirment l'un l'autre dans leur rôle de parents. Il y a donc une dynamique des confirmations affectives mutuelles où chacun trouve sa place."

Concrètement, pendant les séances, la mère invite son enfant de l'intérieur à monter vers son cœur, ou descendre se coucher dans son bassin comme dans un berceau. Pas besoin de ses mains pour cela ! Le processus s'opère grâce aux modulations du tonus dans le giron qui agit comme un bercement. Le bébé apprend à sentir ces invitations et... il vient. Magique, non ? "Plus tard dans la grossesse, l'enfant participe clairement et se dirige activement en poussant avec ses pieds ou ses mains dans la direction de l'invitation ", confirme Catherine Dolto. Le/la partenaire appelle quant à lui/elle de l'extérieur à l'aide de ses mains et de sa voix. Bon, tout ça ne se fait pas en une semaine, c'est un langage qui s'apprend au fil des mois de grossesse, pendant les séances, mais aussi à la maison. Il est donc important pour les couples de commencer l'haptonomie le plus tôt possible voire avant la conception par exemple dans le cadre d'un processus de PMA. Il faut savoir aussi que l'haptonomie se pratique en couple, jamais en groupe, et que les séances ne peuvent jamais débuter au-delà de la 28e semaine. Selon Catherine Dolto, elle doit se reprendre après la naissance dans le cadre d'un accompagnement postnatal, et ce, jusqu'à la marche acquise. D'autre part, la pratique est incompatible avec toutes les techniques de préparation à l'accouchement impliquant un contrôle de la respiration ou la visualisation de l'enfant à cause des changements de tonus dans le giron maternel, signaux contradictoires perçus par le bébé. Sachez enfin, chères futures mères, que l'haptonomie se pratique aussi avec un tiers en cas d'absence du second parent.

L'accompagnement haptonomique comporte une préparation à l'accouchement. En revanche, tu as compris, on n'y apprend pas comment se pose la péridurale ou qu'est-ce qu'une épisiotomie. Mais on peut lire tout ça dans les bouquins. L'haptonomie est plutôt une expérience intime. Ses bénéfices ne sont pas directement liés à une information médicale. “Il faut, surtout à notre époque, dire et redire qu'il ne suffit pas d'être né d'un homme et d'une femme pour se développer comme un humain. Il faut encore être humanisé. Prendre toute sa place mais rien que sa place est plus facile quand on a été très tôt entouré, invité. Je dirais que pour moi, pratiquer l'accompagnement prénatal et postnatal, c'est tout simplement faire de l'humain un horizon. C'est apporter au monde la chance d'être peuplé d'adultes psychiques n'étant menée ni par des problèmes d'ego ni par une insécurité profonde”, dit Catherine Dolto. Convaincus ? C'est aussi, à une époque où on délaisse peu à peu le concept de maternité au profit de celui de parentalité, une réponse intéressante pour inviter le/la conjoint(e) à rejoindre le processus de la grossesse et de l'accouchement, plus intéressante en tous cas que d'exiger simplement sa présence.

On a essayé, on n'a pas tout compris mais on a aimé

“Ma sœur m'a parlé de son expérience et cela m'a donné envie. C'était surtout l'idée d'entrer en contact avec son bébé et d'instaurer une relation avant la naissance qui m'a plu. En revanche, il a fallu convaincre mon conjoint. L'idée était abstraite pour lui. Le premier cours était assez étrange et assez déstabilisant, car quelque chose de très intime s'instaure tout de suite avec l'haptothérapeute. Elle s'approche de mon ventre et parle à mon bébé, me touche. Je ne sentais pas encore mon bébé bouger à l'époque et elle semblait le sentir se déplacer. Mon conjoint a trouvé la situation complètement absurde ! Mais il y a quand même eu quelques moments d'émotion pour lui, notamment quand il a senti le bébé bouger pour la première fois. En dehors des séances, il touchait très peu mon ventre et ne parlait pas au bébé. Mon meilleur souvenir, c'est le moment où j'ai senti le bébé se déplacer de gauche à droite en suivant les mouvements de mes mains, comme un jeu. Pendant ma grossesse, je lui parlais beaucoup, je passais mon temps à caresser mon ventre pour jouer avec lui. J'avais un sentiment de prendre soin de lui et de lui apporter de la douceur. On dit que les bébés hapto sont très éveillés. Mon fils avait les yeux grands ouverts à la naissance et a tenu sa tête très tôt. Je pense que les séances ont surtout servi à prendre du temps pour nous. L'expérience était très différente pour moi et pour mon conjoint, nos degrés d'implication n'étaient pas les mêmes non plus. Je pense qu'il s'est un peu forcé et l'a fait pour moi. Je ne crois pas qu'il ait apprécié autant que moi, surtout le jour où on lui a demandé de se mettre en slip pour essayer de ressentir un peu ce qu'il se passe pour la femme pendant la grossesse !"

Paule, 36 ans

"Je suis assez sceptique, très terre à terre et pas très sensibilisé à ces pratiques au départ. Mais nos amis proches nous l'ont fortement conseillé. J'aimais l'argument "même si tu n'adhères pas à tout, c'est une fois par semaine un vrai moment partagé et focus sur la grossesse". Cela m'a convaincu. J'ai pensé que c'était charmant d'être là avec ma compagne, concentré sur le sujet bébé, même si je ne voyais pas bien la pertinence du projet, surtout à la première séance. Pendant les cours, Magalie a reçu des caresses très légères sur les jambes afin de se détendre, contre les jambes lourdes. Ensuite, je les ai reçues moi-même pour comprendre les bienfaits. Il faut savoir qu'on a démarré en retard. Alors que nos amis ont senti le bébé bouger avec l'haptonomiste (*NDLA : il l'appelle comme ça… le mot juste est "haptothérapeute"*), nous faisions déjà cet exercice seuls avant le premier rendez-vous. On l'a refait avec elle, en mieux, avec la main aspirante, ultralégère, qui consiste à inviter le bébé et non à le pousser. Je me souviens d'un super moment lorsque l'haptonomiste a demandé à Magalie de simuler une poussée, corrigeant la posture et insistant sur les muscles qu'il faut faire travailler en exprimant un vif "bravooooo !" tellement encourageant. C'est une manière de s'exprimer que j'ai gardée avec le bébé. Comme un talent singulier et tellement simple à la fois. Aussi, les postures l'un contre l'autre en soutien permanent étaient importantes. J'ai gardé cela jusqu'à l'accouchement, où je faisais corps avec Magalie. J'ai l'impression d'avoir moi-même presque accouché, bien qu'elle ne se soit même pas rendu compte que j'étais là ! Pourtant, je l'ai tellement accompagnée. Les gens de l'équipe médicale ont dit après la naissance que "les couples d'hapto, ça se voit, ça va tout seul". C'était agréable à entendre après un accouchement en siège. Je pense que l'haptonomie m'a permis de commencer plus tôt ma relation avec mon bébé, et donc mon investissement sensible dans la grossesse."

Morgan, 35 ans

Accoucher autrement que sur le dos ?

"La posture sur le dos est devenue une norme. Au XXIe siècle, c'était plus varié, on accouchait debout ou dans d'autres positions. L'accouchement jambes écartées est davantage pensé pour le confort des professionnels que pour la femme", explique le sociologue de la naissance Philippe Charrier dans un entretien pour *Le Monde* en janvier 2018. Alors que la majorité des femmes en France et en Europe accouchent (encore ?) sur le dos, il faut le dire, c'est bien la position la moins physiologique au monde. Ah ? Eh oui ! La pionnière en France à s'intéresser à la physiologie des positions d'accouchement est la généraliste et périnéologue Bernadette de Gasquet – oui, vous avez déjà entendu ce nom en cours de yoga. Les "positions gynécologiques aménagées", sur le côté, debout, en chasse-neige, c'est son dada. La réalité dans les maternités en France est malheureusement aujourd'hui beaucoup plus univoque et ce n'est pas toujours facile de faire à son goût ou de savoir tout simplement que l'on peut faire autrement. Nous avons rencontré **Christelle Morin**, sage-femme libérale.

On dit qu'être sur le dos n'est pas une position physiologique pour accoucher. Pourquoi ?

"Cette position n'est pas physiologique, car la femme ne s'aide pas de la pesanteur. De plus, la position sur le dos limite la mobilité et l'ouverture du bassin."

Quelles seraient dans ce cas les positions les plus physiologiques ?

"Il n'y a pas UNE position physiologique, toutes les positions peuvent l'être. Cela dépend surtout du contexte : la position du bébé, le ressenti de la mère, l'irradiation des douleurs... Une femme qui n'est pas sous péridurale, qui accouche en confiance et en sérénité, pourra sentir quelle sera la meilleure position pour elle. C'est évidemment beaucoup plus difficile de se laisser guider par ses sensations quand la péridurale les inhibe."

Pourquoi ne favorise-t-on pas les autres positions d'accouchement en France ?

"Pour plusieurs raisons. D'abord parce que l'on est pressé en salle de naissance. L'augmentation du nombre d'accouchements dans toutes les maternités et le manque de sages-femmes obligent les équipes à un rendement et les poussent à une compression du temps pourtant indispensable aux accouchements physiologiques. Il faut que les femmes accouchent vite et poussent vite. Ensuite, parce que les maternités en France sont encore trop souvent dirigées par des gynécologues à l'ancienne, pour qui l'obstétrique "sérieuse" ne tient compte ni des envies des femmes ni des évolutions des possibilités !"

Connaissez-vous les pratiques dans les autres pays européens ?

"Ce que je sais, c'est que dans les pays où les grossesses sont davantage suivies par des sages-femmes et donc moins médicalisées, le taux de péridurales est plus bas et les accouchements physiologiques favorisés."

Faisons-nous finalement une mauvaise utilisation de la péridurale ?

"La péridurale a beaucoup évolué, les produits sont dilués, le système de pompe permet aux femmes une plus grande autonomie aussi. Cependant, j'entends trop souvent des femmes qui racontent avoir été "forcées" d'accepter la péridurale. Il est évident que lorsque la charge de travail est intense, la péridurale arrange tout le monde... Mais elle n'est pas responsable de tout. Il existe la péridurale ambulatoire, moins dosée, grâce à laquelle les femmes peuvent continuer à bouger et marcher. Les autres méthodes alternatives sont aussi sous-exploitées, par manque de temps, de moyens, de formations : l'hypnose, le protoxyde d'azote, l'acupuncture, ou tout simplement l'accompagnement personnalisé d'une sage-femme..."

L'accouchement serait-il trop médicalisé en France ?

"C'est une certitude. On espère que les choses vont un peu bouger à la suite des dernières recommandations de la HAS (Haute Autorité de santé) sur l'accouchement physiologique... Mais il ne faut pas attendre de miracles sans une remise en question profonde des conditions de la naissance dans notre pays ! Le nombre de sages-femmes par naissance en salle d'accouchement est délirant. J'admire celles qui continuent à prendre des gardes. Ce sont souvent de jeunes diplômées, qui manquent malheureusement d'expérience dans l'accompagnement de la physiologie et qui gèrent comme elles peuvent une charge de travail parfois limite en matière de sécurité. Il est impossible dans ces conditions de proposer un accompagnement personnalisé. Et puis les femmes françaises ont une longue culture de l'accouchement sans douleur. Peu seraient prêtes à accoucher sans péridurale. L'accompagnement est d'autant plus nécessaire dans ce contexte, et la prise en charge en maternité n'est pas à la hauteur de leurs attentes..."

Si le "*Freebirth is the new homebirth*" de la sage-femme américaine Whapio Diane Bartlett – partisane des accouchements à domicile – est un peu conservateur, on pourrait imaginer aujourd'hui un système hospitalier faisant le ménage dans ses vieilles pratiques et favorisant, au niveau de l'équipement comme au niveau de l'accompagnement, un contexte où la femme et son/sa partenaire se sentiraient d'agir comme ils le souhaitent et seraient accompagnés au mieux dans cette prise de liberté.

La danse du fœtus et du placenta/ 3e échographie

La troisième échographie se fait autour de la 32e semaine d'aménorrhée et, si tout se passe bien dans ta grossesse, ce sera la dernière avant le jour J ! Mais à quoi sert-elle ? On refait toute une série de mensurations dont il ne sert à rien de saisir tous les détails : crâne et fémur, notamment. Puis on refait le récapitulatif des organes : vessie, estomac, reins, cœur, etc. Nouveauté ici, on observe la motricité du fœtus : est-ce qu'il bouge bien ? Ses mains ? Ses jambes ? Son visage ? Sa déglutition ? Par une déduction géniale, il s'avère que s'il déglutit normalement, c'est qu'il respire bien... Oui.

Mais ce n'est pas le plus crucial, ici. Ce qui détermine la suite et qui est le plus important dans cet examen, c'est : 1) la position du fœtus ; 2) les échanges (encore) donc l'alimentation du fœtus via le placenta (encore). Il a déjà la tête en bas dans le segment inférieur de l'utérus ? Parfait. A priori, il ne se retournera pas de nouveau avant l'accouchement. Il a compris que par là, il y avait une perspective. Il se présente par le siège ou est en position transversale (dite aussi "banane") ? Pas de panique. Il peut ENCORE se retourner et les manipulations (pas du tout agréables, il faut le dire) d'un médecin ou d'une sage-femme peuvent l'aider à se décider. Une nouvelle échographie à 37 semaines donnera le verdict. Si ton bébé a boudé le retournement, ta gynécologue te prescrira un scanner afin de mesurer ton bassin et de s'assurer que "ça passe". Dans le cas contraire, une césarienne devra être programmée. On s'en sort toujours. Autre impasse de positionnement : le dieu placenta a parfois la mauvaise idée de se placer entre le fœtus et le col de l'utérus, obstruant ainsi la descente du bébé. Mais, là encore, ce n'est pas forcément définitif. En gros, au 7e mois, c'est bien la danse du fœtus et du placenta que l'on observe, que l'un et l'autre ont correctement trouvé leur place et sont à l'aise dans leur position. Et tout ça, encore une fois, ne dépend pas de toi.

GROS MOT

Cytomégalovirus (CMV)

Le cytomégalovirus (CMV) est un virus appartenant à la famille des herpès-virus. On ne le sait pas toujours, mais l'infection à CMV est en réalité l'infection congénitale la plus fréquente. Présent dans la salive, les urines, les sécrétions nasales, les sécrétions sexuelles, les larmes, le lait maternel et le sang, le virus peut se transmettre très facilement. La plupart du temps, l'infection passe inaperçue. Lorsqu'elle se manifeste, c'est sous des symptômes peu spécifiques, comme une fièvre. Chez la femme enceinte immunisée (40 à 50 %), il existe une possibilité de réinfection, mais, dans ce cas, il y a peu de risques que le futur bébé soit contaminé. En revanche, si la future mère contracte le virus pour la première fois pendant la grossesse, l'infection peut s'avérer dangereuse pour le fœtus, mais heureusement pas systématique. On estime que dans 40 % des cas seulement, il sera touché. Devant l'infection, malheureusement, tous les bébés ne sont pas égaux. Retards intellectuels et moteurs, anomalies de l'œil, surdité, les conséquences du CMV varient d'un enfant à l'autre. Important, les séquelles ne se manifestent pas toujours immédiatement. Certaines anomalies, comme la surdité, peuvent se développer à plus ou moins long terme. Si le diagnostic est sans appel lors du dépistage, les conséquences possibles sur le futur enfant demeurent variables et imprécises, d'où un certain embarras du côté du corps médical. Par conséquent, l'inaction, voire l'hostilité à l'égard d'un dépistage prénatal, est de mise alors que des traitements sont possibles via la mère, et une prévention et un suivi efficace peuvent prévenir le pire. Rappelons que le CMV est de loin l'infection congénitale la plus courante, plus que la toxoplasmose, plus que la listériose, dont nous parlons tant…

INFO *

Le paquet de parentalité

Depuis 80 ans maintenant, la sécurité sociale finlandaise, KELA, offre aux futurs parents une “boîte à bébé”. Symbole d'une politique active en protection maternelle et infantile, le concept a été inventé en 1938 pour réduire le taux de mortalité des nouveau-nés. Concrètement, c'est une boîte constituée d'un matelas, en forme de berceau, littéralement remplie de basiques nécessaires au début de cette nouvelle vie : une couette, un oreiller, des draps, plein de vêtements pour chaque saison, un jouet, un livre, une trousse de toilette comprenant des ciseaux pour les ongles du bébé, une crème, une brosse et un sac de couchage bien chaud pour dormir dehors (car, oui, les bébés finlandais dorment dehors même s'il fait -15 °C). Et la *Baby Box* n'oublie pas les parents non plus ! On y trouve une crème à la lanoline (pour les mamelons au début de l'allaitement), des préservatifs (attention au retour de couches !) et un lubrifiant pour faciliter la vie sexuelle après l'accouchement. Brillant. Et tout cela est gratuit ! Une *Baby Box* coûte à l'État à peu près le tiers du salaire d'un ouvrier. En finnois, elle s'appelle *äitiyspakkaus*, littéralement “paquet de maternité”, un nom qui a récemment déclenché une polémique en Finlande. Pourquoi ne changerions-nous pas pour “boîte de parentalité” ou “boîte des futurs parents”, tout simplement ? Bonne question ! La proposition a été lancée, les Finlandais ont pour l'instant voté pour la tradition, même si la discussion sur le pouvoir des mots reste ouverte et engagée.

Prêts pour accoucher ?

Allez, si on osait, on dirait qu'il y a autant de manières de se préparer à l'accouchement qu'il y a de femmes, de couples et d'envies ! Vaste donc. En vrai, il en existe des tonnes.

1) La classique, qui peut se décliner à la maternité en groupe, chez une sage-femme en solo ou chez toi en tête-à-tête pour un format sur mesure. Elle permet d'informer les futurs parents sur le déroulement de l'accouchement, la péridurale, l'accueil et les soins du bébé, les suites de couches, le retour à la maison, la place du père, l'allaitement et l'alimentation. Tu y feras aussi des exercices de respiration (oui, ceux que tu as déjà vus partout), un travail musculaire centré sur le dos, des mouvements de bascule du bassin, un essai des différentes positions d'accouchement et une tentative de prise de conscience de ton périnée. Les conjoint(e)s sont toujours les bienvenu(e)s. Toute femme enceinte peut assister à sept séances d'au moins 45 minutes. À cela s'ajoute désormais un entretien avec une sage-femme en début de grossesse que l'on appelle communément l'"entretien du 4e mois". Attention, attention, la préparation est un droit, non une obligation ! Tu n'en as pas l'impression, parce qu'elle est tellement très, très fortement conseillée que tu n'as pas vraiment la sensation de faire un choix. Attention, attention, attention (trois fois), il ne s'agit en aucun cas de "cours d'accouchement". Si tu penses en effet que tu vas apprendre une méthode pour accoucher, tu te trompes. Tu risques même de te trouver assez déconfite après la séance consacrée au moment T : "Voilà, ça y est, vous savez accoucher, haha" (vécu). Toute femme est en réalité capable de respirer, de pousser et donc d'accoucher. Aussi, il s'agit moins d'apprendre à maîtriser la douleur que d'être accompagnée dans le projet dont tu as envie pour cette

grossesse, pour cette préparation à ce changement ! D'ailleurs, on parle volontiers aujourd'hui de "préparation à la naissance et à la parentalité". Si ce n'est pas l'école, c'est donc beaucoup plus libre que ce que l'on imagine, et les matières varient autant que les pédagogies. La liste est longue.

2) Avec une doula pour un accompagnement, un suivi et un soutien super personnalisés.

3) Le chant prénatal, ou détente des muscles grâce à la pratique des vocalises.

4) L'Aquagym prénatale, ou bien-être et légèreté dans l'eau.

5) L'acupuncture, ou recherche de la plénitude par le travail des flux énergétiques.

6) La fasciathérapie, ou écoute des tensions et des rythmes du corps par le toucher.

7) Le yoga prénatal, ou symbiose avec le corps par la relaxation physique et mentale.

8) La sophrologie, ou visualisation positive de l'accouchement.

9) L'haptonomie dont tu sais déjà tout.

10) L'hypnonatal, ou quête de la sérénité par une hypnose douce.

11) La méthode Bonapace, ou anticipation de la douleur grâce à la digitopression, les massages et la relaxation.

Et on va s'arrêter là. Qu'est-ce qui est remboursé ? Qu'est-ce qui ne l'est pas ? Cela dépend beaucoup des caisses d'Assurance maladie, alors renseigne-toi avant de te lancer dans l'une de ces incroyables options qui font rêver mais qui peuvent s'avérer parfois coûteuses.

INFO *

L'Epi-No® : au revoir épisio

"Ce sont des ethnologues allemands qui, présents en 1972 en Ouganda, se sont aperçus que les femmes se préparaient à accoucher en s'entraînant à expulser des calebasses de plus en plus grosses. Les voies génitales et les muscles assouplis, elles n'avaient pas de déchirure en mettant au monde leur enfant", raconte le Dr Gonzague Mellerio, gynécologue obstétricien à Paris, premier praticien en France à s'intéresser à cette méthode et à la prescrire à ses patientes dès 2008. L'Epi-No® est un accessoire de préparation du périnée, recommandé en général à partir du 6e mois de grossesse (certaines sages-femmes en parlent avant). Comment ça fonctionne ? La future mère introduit le ballon dans son vagin, le gonfle à l'aide de légères pressions sur une pompe, puis l'expulse en tirant sur le tuyau. Le diamètre du ballon sorti augmente progressivement jusqu'à atteindre 10 cm, l'équivalent du périmètre crânien d'un nouveau-né. Le but ? Muscler et assouplir le périnée et les fibres musculaires pour faciliter le passage du bébé et éviter déchirure et épisiotomie le jour de l'accouchement. En gros, t'arrives en salle d'accouchement, t'as déjà l'impression d'avoir accouché vingt-cinq fois. Ça a l'air parfait, comme ça, mais attention, dix ans après, il y a ceux qui sont pour et ceux qui sont contre cette méthode. Les "pour" sont convaincus de son efficacité pour entraîner le muscle du périnée (expérience faite, on est plutôt d'accord). Les "contre" pointent le manque de recul sur la méthode, le risque de déclencher des contractions précoces en stimulant trop le muscle ou en dilatant trop le col. Le plus de la méthode, c'est l'effet "psy", qui permet d'éprouver au préalable une sensation et de l'anticiper, voire de la vivre avec plus de sérénité. Le moins, c'est peut-être l'idée que ce serait aux femmes d'entraîner leur corps pour qu'il puisse accoucher sans violence, et l'idée aussi plus grave que finalement, si tu n'y parviens pas et que l'on pratique sur toi une épisiotomie, c'est parce que tu n'as pas assez bossé. Rappelons que ce n'est bien sûr pas tant aux femmes de s'exercer qu'aux médecins de faire évoluer leurs pratiques.

60-65

c'est le pourcentage approximatif de femmes qui accouchent chaque année en position allongée à la maternité des Diaconesses à Paris.

1 500

c'est le nombre d'Epi-No® vendus par an sur 800 000 femmes qui accouchent.

36

c'est le nombre minimal de semaines d'aménorrhée à partir duquel le massage du périnée est conseillé, comme la pratique de l'Epi-No®.

2-3

c'est, en minutes, le temps conseillé pour un massage du périnée quotidien à partir du 8e mois de grossesse.

114

c'est, en euros, environ le prix minimal pour se procurer un Epi-No®. Sur présentation d'une ordonnance, tu peux te faire rembourser une (petite) partie par la Sécurité sociale à partir du 6e mois de grossesse. Les mutuelles peuvent prendre en charge le reste.

0,5-1

c'est le pourcentage de nouveau-nés infectés par le CMV.

12

c'est, en euros, le prix d'un *gym ball*.

UN KIT BÉBÉ, NON GENRÉ SVP !

Constat du mois : il n'y a pas de matériel de puériculture pour fille et de matériel de puériculture pour garçon. Le sexe biologique du bébé ne doit pas déterminer le choix de ses premières affaires. C'est valable pour les cadeaux que tu reçois comme pour ceux que tu offres. On t'a forcément déjà demandé le sexe de ton futur enfant avant de te parler des options cadeaux de naissance. La dichotomie fille/garçon rassure autant qu'elle renforce les stéréotypes et constitue un super argument pour doubler les ventes de bodys, jouets, biberons, etc. Laissons le genre de côté, voici notre liste de choses pratiques et vraiment utiles que tu peux offrir, t'acheter, te procurer, emprunter ou demander.

La chambre

Un lit : au début, un bébé a besoin de dormir dans un espace un peu circonscrit, un berceau (à roues ou à bascule, c'est mieux pour bercer), un cododo (super en cas d'allaitement), un couffin ou tout simplement la nacelle de la poussette (pratique pour voyager, sortir, se déplacer).
Un matelas : en fonction de l'option que tu as choisie, ça ne vient pas toujours avec le lit.
Deux draps : un qui sert, un qui sèche et un protège-matelas pour les plus stressés.
Deux turbulettes : une qui sert, une qui sèche.
Option + : une petite veilleuse pour voir ce que tu fais ou ce que lui/elle fait dans la nuit (oui, à cet âge, la veilleuse, c'est pour toi, pas pour lui/elle).

Le placard

Six bodys : ceux qui s'ouvrent devant sont les plus pratiques.
Six pyjamas : pareil, ouverture par l'avant – matière en fonction de la saison.
Deux paires de chaussettes.
Deux gilets.
Un bonnet : matière en fonction de la saison.
Une combi pilote : selon la saison.
Option + : oublie la taille naissance, commence au 1 mois.

La salle de bains

Une baignoire : une baignoire est une bassine, grande, petite, pliable, etc. Une baignoire est un contenant.
Un savon ou gel douche pour bébé.
Un thermomètre à eau : certains utilisent leur coude.
Deux capes de bain : les serviettes petit format marchent aussi, bien sûr.
Du sérum physiologique : par milliers de dosettes.
Des carrés de coton : par milliers de carrés.
Du liniment : qui remplace tous les autres produits que l'on essaiera de te vendre.
Un mouche-bébé manuel.
Un thermomètre à embout souple.
Un matelas à langer : que tu peux, précision importante, poser partout, sur une commode, une table, partout. Pas besoin d'une housse spéciale, une petite serviette fait très bien l'affaire.
Des couches.
Un antiseptique et des compresses stériles pour les soins du cordon ombilical.
Option + : de l'huile d'amande douce pour les massages et les croûtes de lait.

La cuisine/le salon

Un biberon : tu ne sais pas encore quel type il/elle prendra ni même s'il/elle le prendra tout court.
Une boîte de lait artificiel premier âge et de **l'eau minérale** si tu n'as pas l'intention d'allaiter.

Un coussin d'allaitement : dès les derniers mois de ta grossesse, tu vas aimer.
Des langes ou des bavoirs.
Un tapis de jeu : c'est une couverture, en fait.
Un transat : non, ce n'est pas indispensable, mais c'est tellement utile qu'à la limite du nécessaire.
Option + : un jouet qui fait de la musique ou une boîte à musique (ça calme tout le monde).

Le transport

Un cosy : pour la voiture – premier besoin pour sortir de la maternité.
Une poussette : il faut préciser que certains nous ont confié ne jamais avoir eu de poussette, utilisant un porte-bébé jusqu'à la marche, puis marche.
Un porte-bébé physiologique ou **une écharpe** : là, pareil, les pratiques diffèrent, certains ne l'utilisent jamais.
Option + : le cosy qui se fixe sur la poussette.

Malheureusement, tu ne sauras ce dont vous avez réellement besoin qu'une fois qu'il/elle sera là. C'est dans la pratique, bien sûr, que tout devient clair. Rappelons aussi qu'à deux, on n'a eu que trois enfants, on ne sait donc pas tout. C'est pour cette raison que tu n'es pas obligée de tout acheter neuf, tu peux penser communauté (et écologie ?) en partageant, en te faisant prêter ou en récupérant.

La valise maternité

En salle d'accouchement

Pour lui/elle
Une tenue de naissance : un body, un pyjama, une paire de chaussettes, une brassière – le bonnet est fourni.

Pour toi
Un brumisateur d'eau.
Une paire de chaussettes.

Pour toi, conjoint(e)
Une chemise que tu peux ouvrir pour le peau-à-peau.
De la musique, de la lecture, tout ce qui peut aider et divertir ta femme qui accouche, et toi aussi au passage.

Pendant le séjour

Pour lui/elle
Des bodys.
Des pyjamas.
Des brassières.
Des chaussettes.
Un bonnet.
Une turbulette.
Une cape de bain.
Un thermomètre.
Des langes.
Une tétine ? Tu te poses la question de la tétine ? C'est un vaste sujet... Il/elle peut ne pas la réclamer, on peut te la déconseiller afin

de ne pas freiner l'allaitement, tu peux en avoir besoin en urgence au beau milieu de la nuit en pleine montée de lait, et ton enfant peut aussi ne jamais la prendre. Elle peut te sauver comme t'être totalement inutile.

Pour toi

Une serviette de toilette.

Une trousse de toilette.

Un grand tee-shirt ou une grande chemise.

Des tee-shirts, des leggings : toujours en version grossesse.

Un pull ou une veste : attention, il fait super chaud dans les maternités.

Des chaussons.

Un paquet de serviettes hygiéniques : en vrai, tu auras besoin d'un format XXL+++ qui te sera fourni par la maternité.

Deux soutiens-gorge d'allaitement.

Des coussinets d'allaitement.

Un coussin d'allaitement.

Une crème à la lanoline pour les mamelons.

Tes documents d'identité et/ou le livret de famille ou le document de reconnaissance anticipée.

Tes bouquins, tes magazines, ta musique, ton appareil photo, ton téléphone, ton ordi, etc. : n'oublie pas d'apporter les choses qui te font plaisir – oui, tu pourrais avoir du temps pour toi.

Une veilleuse ou une petite lampe : les néons de la maternité font mal au milieu de la nuit.

QU'EST-CE QU'ON LUI RACONTE ?

"Tu dois parler à mon ventre", "Je dois parler à mon ventre". Ça peut sembler stupide, tu as l'air stupide, mais à partir de quatre mois de grossesse, ton fœtus entend distinctement les bruits extérieurs. Aussi abstrait que cela puisse paraître, tu peux lui parler comme à un adulte que tu rencontres. Présente-toi, explique-lui qui tu es, caresse-le, fais-lui signe. Non, il ne te répond pas avec des mots, non, tu ne le vois pas, oui, tu ne peux qu'imaginer qu'il y a un bébé là-dedans, mais lui t'entend et reconnaît les voix qui lui sont familières. Il y a aussi l'idée d'un souvenir de ta vie utérine que tu conserves toujours – ça ne déconne pas. Les voix que tu as entendues te rassurent, la musique que l'on t'a jouée souvent te calme, les mots que l'on t'a répétés te bercent. Sacré responsabilité, déjà. Sacré boulot, du coup. Pour ce qui est du détail, ce que tu dis à ton ventre, on te laisse le soin d'y réfléchir tranquillement.

Qu'est-ce que j'ai envie de lui dire ?

Qu'est-ce que je voudrais qu'il/elle entende ?

Qu'est-ce que tu as envie de lui dire ?

Qu'est-ce que tu voudrais qu'il/elle entende ?

Qu'est-ce qu'on pourrait lui faire écouter ?

MOIS

8

Délivrez-moi

“On était toutes, enceintes, assises en cercle à la maternité, quand la sage-femme a posé la question d'introduction au cours de préparation : “Est-ce que vous voulez accoucher avec ou sans péridurale ?” Sérieusement ?! On fait un cours de préparation à l'accouchement et on commence par parler de la péridurale ? Chacune répond (en grande majorité oui) à tour de rôle. Nous sommes deux parmi les quinze femmes qui constituent le groupe à hésiter. “Ben, je n'ai jamais accouché avant, je viens ici pour trouver des réponses, justement !” La réaction de la sage-femme m'a laissé sans voix : “Vous pensez vraiment que vous pourriez accoucher sans péridurale ?” Elle a presque levé les yeux au ciel.

Pour répondre aux besoins des futurs parents, *Le Monde* a publié le 31 janvier 2018, en collaboration avec la Fédération française des réseaux de santé en périnatalité (FFRSP), des informations chiffrées sur les pratiques médicales dans 510 maternités en France en 2016. Selon l'enquête nationale périnatale, le taux d'anesthésies péridurales – une injection d'analgésique près de la moelle épinière pour soulager la douleur – était de 82 %. 82 % ?! En Finlande, “seulement” 50 % des femmes qui ont accouché par voie basse la même année ont eu recours à la péridurale. Oui, quasi toutes mes amies finlandaises ont accouché sans péridurale, la première fois et la seconde fois pour certaines, sans être considérées comme des hippies aux méthodes alternatives. Saviez-vous par ailleurs que “sans péridurale” ne veut pas dire “sans soulagement du tout” ? On a proposé à mes amies nordiques, par exemple, du gaz hilarant, une rachianesthésie, une anesthésie locale paracervicale, ou encore le TENS, un appareil d'électrostimulation pour soulager la douleur des contractions... Pas parce qu'elles l'avaient demandé, mais parce que ces options sont posées sur la table dès le début de la grossesse. Pourquoi n'en parle-t-on pas en France ?

Oui, car il arrive parfois que l'on doive accoucher sans péridurale et sans alternative ! C'est rare, disent les médecins, et c'est sans doute vrai, mais ça arrive. Et ça m'est arrivé à moi. Pour mon premier accouchement, la péridurale n'a pas marché, ou du moins pas jusqu'au bout... J'ai senti le produit un petit peu dans mes cuisses, très, très, très loin de là où il devait agir, et c'est tout. C'est ça ? Non mais c'est pas possible ! Les sages-femmes ne m'ont pas cru tout de suite. J'ai eu très, très, très, très mal. Je sais qu'accoucher, ce n'est pas la fête. Mais il y a des degrés, quand même. Après que j'ai poussé pendant 40 minutes, mon fils est sorti avec l'aide du médecin et de ses forceps. J'étais tellement en transe que j'ai continué à pousser et pousser jusqu'à ce que la sage-femme me dise "Stop ! Vous pouvez arrêter, madame ! Prenez plutôt votre bébé !" Et là, je le voyais pour la première fois, ses dix doigts, sa tête avec son nez, ses yeux et sa bouche, parfait. J'ai regardé mon mari qui pleurait comme jamais, pas seulement de bonheur, mais aussi de soulagement. Plus tard, il me dira qu'il n'avait jamais vu personne souffrir comme ça. Moi et mes endorphines, on se sentait comme un super-humain. Je me disais, si je suis capable de faire ça, je suis capable de faire tout ce que je veux dans la vie.

Ce n'est qu'après mon second accouchement que je me suis rendu compte à quel point le premier avait aussi été un traumatisme. À 8 mois de grossesse, après un long rhume insoignable et cinq jours de violente gastro, j'ai commencé à avoir peur de l'accouchement. Est-ce que ça allait se reproduire ? Non. La péridurale a été posée au bon endroit et à petite dose car, comme l'anesthésiste me l'a gentiment rappelé : "Vous avez déjà accouché sans, vous n'en aurez donc pas beaucoup besoin." Je ne pensais pas que je dirais ça un jour, mais cet accouchement a été génial ! J'ai tout senti à part la partie la plus douloureuse, bien sûr, et j'ai pu marcher direct après. Ça a duré en tout et pour tout une heure et demie, et quand ma fille est arrivée, j'ai halluciné de la différence entre les deux expériences. Laquelle était la mieux ? Je ne pourrai pas répondre. Mais j'ai en tête cette phrase de Maggie Nelson tirée des *Argonautes* qui décrit pour moi l'accouchement avec une incroyable clarté : "C'est assez facile, vu de l'extérieur, de dire : "T'as juste à te laisser aller et à laisser sortir le bébé." Mais pour laisser sortir le bébé, il faut accepter de tomber en morceaux." ”

Pihla

CE MOIS-CI

Toi tu contractes, lui se retourne

Tu prends de plus en plus de poids ? Pas de panique ! C'est tout à fait normal de prendre du poids rapidement à la fin de sa grossesse. Ton bébé te fait fabriquer du gras. Sympa.

•

Lui grandit et, dans la majorité des cas, se tourne maintenant tête en bas, le menton sur la poitrine, les bras et les jambes croisés, les genoux pliés. Comme sur les images que tu vois sur Internet.

•

Il n'est pourtant pas encore tout à fait prêt à sortir. Son système respiratoire continue à se développer jusqu'à l'accouchement.

•

Ses os se durcissent de plus en plus, à l'exception de son crâne qui reste flexible pour faciliter le passage. Merci.

•

Ton ventre se tend et se durcit de temps en temps et tu as mal un peu comme pendant tes règles ? Oui, ce sont des contractions. Mais ce ne sont pas toujours des vraies ! On les appelle "contractions de Braxton Hicks" et ce sont des contractions d'entraînement. La différence avec les vraies ? Ces dernières sont de plus en plus fréquentes et de plus en plus douloureuses.

La peau de ton futur bébé prend une couleur rosée et ses ongles poussent jusqu'aux extrémités de ses doigts.

•

Ses cheveux continuent de pousser. Et tu sais ce que l'on dit ? Si la mère a des remontées acides, le bébé a beaucoup de cheveux. Va savoir pourquoi…

•

Son corps et son visage deviennent de plus en plus ronds.

•

Il occupe presque toute la place dans ton utérus. Il pèse entre 2 et 2,5 kg et mesure à peu près 43 cm.

•

Tu fais des rêves étranges ? Ça arrive fréquemment en fin de grossesse.

•

Peut-être tu es en congé maternité maintenant, alors profites-en pour te reposer au maximum tant que tu le peux encore.

•

Tu peux vite être écœurée quand tu manges, car tes intestins sont un tout petit peu à l'étroit là-dedans.

•

Ça y est, ça approche. Tu paniques ? C'est normal. Tout le monde passe par là. Essaie de te demander de quoi tu as peur exactement et trouve des gens pour te rassurer. Profite, et courage pour cette dernière ligne droite !

ACCOUCHER LIBREMENT

NOTRE accouchement

"Comment s'est passé l'accouchement ?" C'est LA question que l'on te pose après avoir demandé le prénom, le poids et la taille du bébé. (Bien sûr, le sexe en premier si on ne le sait pas déjà !) On le demande presque systématiquement à l'ex-femme enceinte qui a porté l'enfant. Et si c'est au/à la partenaire, c'est pour avoir sa version du récit de l'accouchement de l'intéressée : "Elle a eu mal", "elle n'a pas eu mal", "elle a crié", "elle a poussé quatre fois"... C'est vrai que l'on pousse littéralement ce nouvel être humain dans le monde. Mais, depuis les années 1970 en France, les conjoint(e)s ont le droit d'assister aux accouchements, et s'ils/elles sont là, c'est pour éprouver quelque chose. Alors, qu'est-ce qu'ils vivent, eux ?

"J'ai pleuré et je n'ai pas compris ce qu'il se passait dans mon corps, mon cœur et mon esprit"

"Vers 5 heures du matin, ma femme a perdu les eaux, mais sans contractions. J'étais surexcitée, je courais dans tous les sens pour rassembler nos affaires et j'étais prête à partir en deux minutes. C'est elle qui m'a calmée en me disant qu'on avait le temps de prendre une douche et d'aller à pied à la maternité. Une fois sur place, on a fait un monitoring, on est montées dans la chambre et redescendues en salle de naissance. L'anesthésiste est venu poser la péridurale et, pendant dix heures, on a parlé, rigolé, lu le journal, fait des mots croisés un peu comme à la plage, échangé avec le personnel médical… Je ne pensais pas que ce serait aussi détendu. On était traitées normalement par tout le personnel, aucun regard gêné, aucune question sur le parcours. On accédait enfin à cette normalité que l'on recherche tant depuis le début de notre démarche. Et puis le vrai travail a commencé, le bébé était engagé et faisait beaucoup d'allers-retours. La sage-femme nous a dit qu'on allait commencer à pousser pour que le bébé ne se fatigue pas trop. En effet, son rythme cardiaque faisait le yo-yo. C'était très stressant, on avait le nez rivé sur le moniteur et les amplitudes étaient impressionnantes ! La sage-femme s'est préparée – on a eu de la chance, car ça a été la même du début à la fin, donc on a construit une relation de confiance tout au long de la journée. Là, ça commençait à être sérieux. J'ai essayé de faire des blagues. C'est ma technique quand ça devient trop sérieux. Je voyais les amplitudes du rythme cardiaque, mais je les minimisais pour éviter tout stress à ma femme. La sage-femme nous a fait un signe et on a commencé à pousser, "on" parce que sans le faire exprès, je retenais mon souffle en même temps que ma femme ! Et puis on a répété comme de bonnes élèves tous les gestes de poussée de la préparation à l'accouchement. Je pense intimement que mes gestes n'ont servi à rien mais que ma présence a rassuré ma femme. L'équipe médicale a été top, je me suis sentie très à l'aise, sauf au moment de la péridurale où j'ai dû sortir… Je posais toutes les questions que je voulais, ils étaient tous à l'écoute et avaient beaucoup d'humour. Mais j'avais peur aussi, peur que cela ne se passe pas bien, peur que ça les fatigue toutes les deux, peur d'aller au bloc. Et j'étais impatiente, parce que même si la poussée n'a duré que 20 minutes, on a tous envie d'en finir. Ma femme m'a impressionnée, elle était sereine mais tellement déterminée. J'ai revu rapidement toutes les épreuves, les hauts et les bas que nous avons traversés pour en arriver là et j'ai compris que l'on arrivait au bout et qu'une page allait enfin se tourner. On allait devenir parents… comme les autres, sans différence. J'étais soulagée. Quelques minutes après, la sage-femme a dit : “Je vois la tête”, et je l'ai vue quasi immédiatement aussi. Apparemment, j'ai dit : “Ouh putain !” Ce n'est pas très chic, mais en même temps, je vivais la plus grosse décharge d'adrénaline de toute ma vie. C'est sans doute un poncif de dire cela, mais je n'ai jamais ressenti un truc pareil. J'ai pleuré et je n'ai pas compris ce qu'il se passait dans mon corps, mon cœur et mon esprit. Moi aussi, je devais avoir quelques hormones qui réagissaient à la situation ! Puis la sage-femme m'a proposé de couper le cordon. Je n'y avais absolument pas pensé, pour moi ce n'était pas un geste si symbolique que ça pour le second parent, mais j'ai accepté. Franchement, ça ne fait pas grand-chose. C'est plutôt l'aspect anatomique que j'ai regardé à ce moment-là. On est des mammifères, au fond. Le premier contact avec mon bébé a été visuel, je l'ai observé lorsqu'elles ont fait le peau-à-peau. J'étais scotchée, je la trouvais tellement jolie, tellement calme. Je l'ai eue dans les bras une fois qu'elle était habillée et elle m'a fixée dans les yeux. Je ne pensais pas qu'un bébé qui venait de faire un truc de fou, passer du liquide à l'air, pouvait être aussi éveillé. C'était calme mais ultra-intense. J'ai eu peur de la faire tomber et en même temps, je savais que c'était impossible. Je me suis sentie mère pour la première fois.”

Marie, mère d'Esther

“C'était très difficile de voir la femme que l'on aime le plus au monde souffrir à ce point”

“Pour la naissance de mon premier enfant, je ne m'y attendais pas du tout. On était chez des amis et ma femme a perdu les eaux d'un coup sur leur canapé. C'était comme dans un film américain. Là, j'ai ressenti à la fois de l'excitation et de la peur. Nos amis nous ont pris en photo, elle est toujours collée sur notre frigo. On ne sait pas à quoi s'attendre dans ces moments-là, c'est le grand inconnu. Pour mon fils, le premier, les contractions ont duré longtemps et on a posé la péridurale tard. Ma femme a beaucoup souffert, et moi aussi en la voyant souffrir. C'était très difficile de voir la femme que l'on aime le plus au monde souffrir à ce point. J'avais peur et j'étais impatient. J'ai senti de la colère envers le corps médical, car la péridurale avait été mal posée ou trop tard. Mais j'ai fait mon maximum pour être présent pour elle, attentif à ses désirs, lui demander ce dont elle avait besoin : massage, verre d'eau, brumisateur, etc. Je pense que je n'étais pas du tout utile finalement, mais le soutien moral est malgré tout important. Dans la salle d'accouchement, on sent bien que l'on gêne parfois, même si l'équipe médicale est sympathique. On sent qu'il faut se faire petit. Lorsque mon fils est arrivé, au bout de douze heures de contractions, c'était un soulagement et une énorme joie. J'ai pleuré de bonheur. Un bonheur inexplicable et incomparable. On a fait des bisous, des photos, des câlins. Le bébé a tout de suite cherché le sein. C'était magique. Je me souviens d'avoir demandé à la sage-femme si c'était normal qu'il ait des yeux tout petits, pas très ouverts. Enfin, j'ai carrément demandé s'il était trisomique. La sage-femme m'a répondu : “Attention, monsieur, il vous entend.” Il ne l'était pas, évidemment. Puis on m'a proposé de couper le cordon, donc je l'ai fait. Ce n'était pas grand-chose de particulier, on oublie même le moment. En revanche, j'ai fait du peau-à-peau assez vite après l'accouchement, j'avais une chemise exprès pour cela, et c'était très agréable, un moment calme entre nous. Le second accouchement n'avait rien à voir. On s'y attendait, on était évidemment plus préparés, et lorsque ma femme m'a appelé pour me dire qu'elle avait des contractions, j'étais prêt et serein. Et heureux surtout ! L'accouchement a été beaucoup plus doux, la péridurale a marché, et ma fille est arrivée en très peu de temps. Tout s'est déroulé dans l'ordre, et on a même pu dormir la première nuit ! J'étais très excité et très heureux toujours de l'arrivée de ma fille. J'étais moins surpris bien sûr, mais j'avais plus confiance. Vu que le travail avait été beaucoup plus rapide et beaucoup moins douloureux, je pense que c'était plus simple pour tout le monde, même pour le bébé. Pour ma femme, j'ai ressenti beaucoup d'empathie lors des deux accouchements et, une fois qu'on est rentrés et qu'on s'est rendu compte qu'on était parents et que c'était pour la vie, mes sentiments se sont encore renforcés pour elle."

Arthur, père de Milo et Anaïs

"J'ai eu cette petite crevette dans les bras au moins pendant 20 minutes tout seul"

"Ma femme avait du diabète pendant sa grossesse, ce qui fait que notre premier bébé était assez gros. On avait donc déjà imaginé la possibilité de la césarienne, et pourtant, j'avais beaucoup de mal à anticiper ce qui allait se passer lors de l'accouchement. Ils l'ont déclenché quinze jours avant le terme. C'était un vendredi soir. On n'était pas préparés à ce que le processus soit si long. Ma femme était épuisée. Le déclenchement a pris beaucoup de temps et elle n'avait quasi rien dans le ventre car c'était incompatible avec ce qu'on lui donnait pour accélérer le processus. Et le stress ne favorisait pas le sommeil non plus. L'annonce de la césarienne a eu lieu le dimanche. C'était un petit choc pour nous deux. Ma femme l'a vécu comme un échec sur le coup car cela faisait deux jours qu'on faisait tout pour que l'accouchement se fasse par voie basse. Ce fut la déception. J'ai essayé de la soutenir. J'ai accepté la césarienne comme la meilleure décision médicale à prendre car c'était devenu dangereux pour elle et pour le bébé. J'ai essayé de positiver la situation, j'ai expliqué à ma femme qu'elle avait fait tout ce qu'elle pouvait. Là, je n'ai pas du tout pensé à mon rôle de père, à ma responsabilité ou au fait que j'allais devoir prendre le bébé après l'opération. Le plus important, c'était la sécurité de tout le monde. Je me focalisais sur une chose, l'opération qui allait arriver. Mon rôle de père à ce moment-là, c'était discuter avec ma femme pour la rassurer et l'aider à ne pas trop appréhender. Ensuite, tout est allé très vite. En une demi-heure, elle était au bloc. Elle n'avait jamais été opérée avant, moi non plus. Quand on m'a demandé si je voulais assister à la césarienne, ce qui n'est pas commun partout, j'ai répondu “Oui, je vais passer, oui”. Les médecins ont bien rigolé. Je suis entré au bloc au dernier moment. C'était impressionnant, les bras de ma femme en croix, ils avaient un champ pour masquer le corps. J'ai pu être dans la salle, qui était d'ailleurs très, très, très froide, à côté d'elle. On lui a posé une péridurale vénère. Tout cela l'a fait trembler terriblement. J'ai raconté des blagues pour détendre la situation et tout d'un coup, le médecin a allumé la radio et a commencé l'opération. La radio a joué un morceau d'Eddy Mitchell, le chanteur favori de ma femme. C'était assez incroyable. Quand ils ont sorti le bébé, le médecin nous l'a montré et a dit que tout allait bien. Puis, il m'a dit “Venez avec moi” et je les ai suivis dans une autre pièce. À un moment, j'ai perdu mon bébé de vue et j'étais angoissé. J'ai senti une responsabilité immédiate. Pendant les premières minutes, ils ont fait plein de tests. J'ai regardé mon fils, c'était ma première rencontre aussi intense avec un inconnu. J'étais un peu stressé de savoir si tout allait bien. Ils m'ont demandé son prénom pour le mettre sur l'ardoise avec sa taille, son poids et l'heure de sa naissance, puis ils l'ont emmailloté et ils me l'ont passé. J'ai eu cette petite crevette dans les bras pendant au moins 20 minutes tout seul. Je lui ai dit bonjour assez bêtement, je n'ai pas fait de grandes déclarations à ce moment-là. Ce n'était pas d'une évidence absolue genre “ah oui, c'est toi, bien sûr”, c'était une rencontre avec quelqu'un que je ne connaissais pas, c'était très animal. Je trouve que la paternité, c'est quelque chose qui se construit avec le temps. C'était assez magique quand on a pu rejoindre ma femme. Quand elle l'a aperçu, on était tous les deux très émus. Je l'ai trouvée tellement courageuse. Elle a pris le bébé dans ses bras et c'était un vrai moment à trois. Puis elle a voulu lui donner le sein et j'ai posé Oscar sur elle. Pour sa petite sœur, ma femme a préféré anticiper et caler une césarienne. Elle voulait éviter le déclenchement dont elle avait très peur. Je l'ai laissé prendre sa décision et je l'ai soutenue. L'accouchement était donc beaucoup moins stressant car on avait rendez-vous pour la césarienne avec le même médecin et dans le même hôpital. Quand ma fille est arrivée, j'étais plus prêt à l'accueillir tout seul d'abord. Par contre, très vite, j'étais concentré sur la logistique avec son grand frère car oui, c'est mon travail en tant que parent.”

Charles, père d'Oscar et Sarah

GROS MOT

Psychoprophylaxie

La psychoprophylaxie est par définition une préparation psychologique visant à prévenir les réactions indésirables pouvant contrarier le bon fonctionnement de l'organisme. Dans le monde obstétrical, l'accouchement psychoprophylactique, aussi nommé "accouchement sans douleur", a été mis au point par le docteur français Fernand Lamaze en 1951, d'abord en URSS puis en Angleterre. Également appelé "méthode Lamaze", il s'agit d'un ensemble de techniques visant à supprimer l'angoisse et les douleurs de l'accouchement par une préparation durant la grossesse et par la création d'un rapport de confiance et de collaboration entre l'équipe médicale et la mère. Même si la péridurale existe depuis 1971, la méthode Lamaze demeure toujours la préparation dite "classique" à l'accouchement, organisée en plusieurs phases : information, exercices physiques et relaxation.

La péridurale ou la libre circulation des choix

Au début des années 1980, quand nos mères ont accouché en France, la péridurale n'en était qu'aux prémices de ses exploits. D'après leur récit, des groupes d'activistes féministes parcouraient alors les maternités de certains hôpitaux à grands coups de : "Vous avez le droit de ne pas souffrir !" Depuis, la péridurale s'est généralisée en France, mais le point de vue a changé. Accoucher avec ou sans n'est plus toujours synonyme de se soulager ou de subir. Dans le monde de l'accouchement surmédicalisé, il s'agirait aussi de se conformer ou de résister. Le combat salutaire contre l'effrayant et sans appel "Tu enfanteras dans la douleur" a généralisé depuis les années 1970 l'anesthésique local utilisé en 2016 dans 82 % des accouchements. Mais, à l'heure du débat sur les violences obstétriques liées à la multiplication des césariennes et des épisiotomies, il est bon de se reposer la question du choix.

Selon une étude de l'Inserm (Institut national de la santé et de la recherche médicale) datant de 2010, 26 % des femmes en France déclarent pendant leur grossesse vouloir se passer de la péridurale et 52 % d'entre elles finissent par recevoir l'anesthésie pendant leur travail. OK, la douleur peut bien sûr te faire changer d'avis, MAIS il semblerait qu'en France, les alternatives à la norme péridurale soient peu encouragées. La grande machine médicale est fan du risque zéro, donc pour prévenir, on décide d'anticiper. Depuis les années 1980, le nombre de péridurales a littéralement doublé en France, qui garde une belle place sur le podium. En effet, les autres pays en ont une pratique beaucoup plus modérée : 15 % des accouchements aux Pays-Bas ou 40 % au Royaume-Uni. Souffrir, ne pas souffrir, choisir, subir, tout cela est bien sûr le résultat de subjectivités. Aux Pays-Bas, par exemple, l'accouchement à domicile n'est pas du tout une lubie alternative, mais la norme. Contrairement à la France où 99 % des naissances ont lieu à l'hôpital, 1 femme sur 6 là-bas décide d'accoucher à la maison.

L'important est donc bien la libre mise à disposition des possibilités. Dans les maisons de naissance, structures alternatives apparues en France seulement en 2015 et encore peu connues, on assume de vouloir donner aux femmes un rôle plus actif en favorisant l'accouchement physiologique. Car entre sécurité, peur de la douleur et habitudes médicales, la péridurale, sous son manteau émancipateur, est aussi la cause de l'augmentation des actes médicaux qui en découlent. L'anesthésique vient en effet perturber les conditions de naissance, les positions physiologiques, les sensations de la future mère, donc la maîtrise de son corps au moment de l'expulsion.

Nous méconnaissons trop aujourd'hui les choix dont nous disposons. En août 2017, *Slate* titre "La péridurale, c'est aussi pour les (futurs) papas". L'analgésique n'aurait pas pour unique fonction de soulager la douleur des parturientes, mais également de calmer l'"environnement". Il s'agit d'un sujet de santé publique, de progrès médical, mais aussi d'un enjeu sociologique dans le débat des sexes et des genres. Instrument de contrôle médical, la péridurale serait là pour rationaliser au maximum le travail, permettre le bon déroulement des interventions du personnel soignant ET pour rassurer le partenaire qui n'a pas trop son mot à dire sur un système qui lui suggère d'enfiler sa blouse bleue et de se planter en salle de travail. Ni trop présent, ni trop absent, ni trop actif, ni trop passif, encourageant, rassuré et rassurant, une définition bizarrement un peu trop patriarcale pour un dispositif qui n'est plus censé l'être du tout.

30-40

c'est, en secondes, la durée moyenne d'une contraction.

4

c'est le pourcentage de femmes qui accouchent le jour de leur terme.

3

c'est, en jours, la durée moyenne d'un séjour à la maternité en France dans le cas d'une naissance naturelle. Ce chiffre est plutôt de 5 minimum en cas de césarienne.

3

c'est le pourcentage de femmes en France qui ont rédigé un projet de naissance en 2016.

12-13

c'est, en heures, la durée moyenne d'un premier accouchement.

34,9

c'est le pourcentage d'épisiotomies en France en 2016 pour des premiers accouchements. Pour les suivants, le pourcentage tombe à 9,8. En 1998, ce chiffre était de 71,3 % pour des premiers accouchements et 36,2 % pour les suivants.

10

c'est le pourcentage de femmes qui perdent les eaux avant que le travail ne commence.

1

c'est le pourcentage de femmes en France qui n'accouchent pas à la maternité mais en maison de naissance, à domicile ou en route vers l'hôpital (ça arrive, oui).

18

c'est le pourcentage de femmes qui n'ont pas eu recours à la péridurale en 2016.

INFO +

Maison de naissance

Le nom en dit long. Il s'agit d'assouvir le fantasme d'accoucher chez soi, mais entourée d'une équipe de confiance. Un compromis donc entre un accouchement à la maison et un accouchement à l'hôpital, entre être trop seule et trop médicalisée. Les maisons de naissance se fondent sur le principe suivant : l'accouchement est un acte physiologique naturel et les femmes en bonne santé possèdent les ressources nécessaires pour faire les choix qui leur conviennent dans cette situation. Aux États-Unis, la première maison de naissance voit le jour en 1975, à New York. Il en existe maintenant plus d'une centaine. En Europe, le mouvement s'est d'abord implanté en Allemagne (en 1987), puis en Suisse, en Autriche et en Grande-Bretagne... En France, après un premier texte officiel abrogé en 2007, les élus donnent leur feu vert à ces établissements spécialisés dans les naissances physiologiques et encadrés par des sages-femmes en 2013. Mais ce n'est que fin 2015 que neuf maisons de naissance ont été autorisées à ouvrir en France, à titre expérimental. Le service est pourtant très complet : suivi prénatal, accouchement, suivi postnatal, mais la philosophie sans doute plus difficile à avaler. Compliqué en effet pour la France d'accepter de rafraîchir une culture obstétricale et médicale malheureusement assez figée. Mais c'est aussi le coût de l'opération qui fait mal ! Car accoucher en confiance, c'est accoucher en sécurité. Déjà, la proximité obligatoire d'un établissement hospitalier est une contrainte, mais la prise en charge par la Sécurité sociale est carrément un gouffre. Les sages-femmes libérales qui exercent en maison de naissance sont aujourd'hui obligées de faire des dépassements d'honoraires à cause de la durée des consultations et de la nécessaire disponibilité liée au suivi. D'autre part, l'obligation de présence d'une seconde sage-femme pendant l'accouchement n'est pas couverte par l'Assurance maladie. Accoucher aujourd'hui en maison de naissance est donc loin d'être pris en charge à 100 %, ce qui pose quand même la douloureuse question de l'égalité à l'accès aux soins.

Ne me déclenchez pas !

"Vaste sujet, le déclenchement… Il a très mauvaise presse auprès des patientes, car il me semble qu'elles associent souvent la cause au mauvais vécu plus qu'au déclenchement lui-même", nous raconte notre amie sage-femme libérale **Capucine Valentin**. On lui a posé quelques questions.

Pourquoi déclenche-t-on un accouchement ?

"Il y a deux types d'indications pour les inductions du travail :
- l'induction pour motif médical comme une grossesse prolongée (après le terme), un diabète gestationnel, une grossesse gémellaire, un retard de croissance ou petit poids pour l'âge gestationnel, une rupture prématurée des membranes, une pré-éclampsie, une suspicion de macrosomie (gros bébé) ;
- l'induction du travail pour indication non médicale que l'on appelle "convenance"."

Comment déclenche-t-on un accouchement ?

"Il existe différentes méthodes d'induction du travail. Le choix de la technique dépend de l'examen du col au toucher vaginal. Si le col est "favorable", on parle de déclenchement. On le réalise à l'aide d'une amniotomie (rupture de la poche des eaux) et/ou d'ocytocine de synthèse qui augmente la fréquence et l'intensité des contractions. Si le col est défavorable, on parle de maturation du col. On utilise une forme de prostaglandine, une méthode mécanique à l'aide d'un ballonnet, ou encore on décolle les membranes."

Quels sont les avantages/inconvénients/risques d'un déclenchement pour le bébé et pour la mère ?

"En matière de risque, cela dépend énormément de l'indication de l'induction du travail, de la balance bénéfice/risque pour la mère et l'enfant à prolonger la grossesse. En ce qui concerne les avantages, il y a bien sur le bénéfice médical lié à l'indication. Certaines patientes voient également le côté programmé comme un atout pour leur organisation (présence du père, familles nombreuses, garde d'enfant, etc.). Les inconvénients sont liés au choix de la technique qui peut allonger le temps d'hospitalisation avant la naissance. C'est ce qui revient beaucoup dans les mauvais vécus : l'attente et la prolongation du jeûne."

Si "déclenchement" évoque souvent "manipulation odieuse de la nature", en ce qu'il balaye d'un revers de la main la spontanéité de l'événement, il est néanmoins de plus en plus pratiqué en France, car il représente plus d'une naissance sur dix. La convenance est invoquée le plus souvent : prévoir l'accouchement, c'est pouvoir anticiper un long trajet, une garde d'enfant, mais aussi la présence d'un anesthésiste dans le cas de maternités qui n'ont pas de personnel 24 heures/24. Le motif médical est bien sûr plus mal vécu, mais on peut penser que c'est plus la cause qui est en jeu ici que le processus lui-même, les deux fusionnant souvent dans l'esprit des patientes. Une étude parue en août 2018 dans *The New England Journal of Medicine* montre qu'il n'y aurait pas d'impact négatif sur l'issue de l'accouchement et l'état néonatal lors d'une induction du travail à 39 semaines d'aménorrhée chez les femmes nullipares à faible risque versus un travail spontané. Alors bien sûr, cela peut entraîner une modification du projet de naissance des patientes et frustrer leurs attentes, mais à l'aube du dernier chapitre de ce livre, on l'aura compris, oublions les mots "projet" et "attentes" en ce qui concerne le moment de l'accouchement.

LE VRAI DU FAUX DE CE QU'IL SE PASSE !

Constat du mois : aucun accouchement ne se passe sans surprise. Savais-tu par exemple que si tu es sous péridurale, tu ne peux pas te lever pour aller aux toilettes pendant de longues heures ? Oui, tu te demandes maintenant comment cela peut se passer ? Eh bien, régulièrement, une sage-femme va venir vider ta vessie à l'aide d'une sonde et d'un tuyau. Super pratique. Mais on aurait pu te le dire avant ! L'accouchement est un grand mystère, parce que c'est un moment que l'on voudrait impeccable alors qu'il est scabreux. Dans tous les cas, il reste extraordinaire. Voici quelques questions qui planent toujours et que l'on n'ose jamais poser, les situations que tu soupçonnes pouvoir se produire sans jamais les imaginer jusqu'au bout. Les expériences ici n'étant pas les nôtres et les scénarios trop nombreux, nous avons demandé à notre amie **Capucine Valentin**, sage-femme libérale, de défaire avec nous quelques idées reçues.

Avant

Je ne saurai pas reconnaître les contractions de début de travail.

“Faux, dans la grande majorité des cas. Il est très rare de ne pas identifier les contractions de début de travail. Même si l’on arrive à la maternité et que le travail a commencé, ce n’est pas grave. On identifie toujours les contractions de fin de travail.”

Je ne saurai pas si j’ai perdu les eaux.

“Faux, dans la majorité des cas. Il arrive toutefois que certaines femmes passent à côté, surtout lorsque la rupture de la poche des eaux n’est pas franche et qu’il s’agit simplement d’une fissuration. Si la poche des eaux est rompue ou fissurée, le liquide amniotique coule jusqu’à l’accouchement de façon discontinue, du coup le diagnostic est parfois tardif. On peut le confondre avec les fuites urinaires, qui ne sont pas rares pendant la grossesse, ou les pertes vaginales, qui sont souvent abondantes et assez liquides. Il est préférable de consulter à la maternité en cas de doute.”

Je n’aurai pas le temps d’arriver à l’hôpital et je vais accoucher chez moi ou dans la voiture.

“Faux, dans la grande majorité des cas. Il est très rare que l’accouchement se produise avant l’arrivée à l’hôpital, surtout pour un premier enfant.”

Il faut attendre que la poche des eaux soit rompue pour aller à l'hôpital.

"Faux. On peut perdre les eaux avant que le travail soit commencé et au contraire accoucher alors que la poche des eaux est intacte."

Je vais perdre des litres d'eau au moment de la rupture de la poche des eaux.

"Faux. Souvent. En fin de grossesse, le liquide amniotique est constitué en majeure partie de l'urine fœtale. Sa quantité dépend de nombreux facteurs, comme le poids du bébé, le terme et tous les éléments qui influent sur la production d'urine du bébé. Cela varie aussi selon que la rupture est franche ou que la poche des eaux est juste fissurée. À titre indicatif, la quantité de liquide amniotique varie entre 1 l et 500 ml. Elle est moins importante quand on approche du terme de la grossesse."

Pendant

L'accouchement peut durer des jours.

"Faux. Enfin, tout dépend de la définition que l'on a de l'accouchement. Le travail ne commence pas forcément au moment où l'on ressent les premières contractions. De même, si l'on est déclenchée 24 heures après avoir perdu les eaux parce que le travail ne se met pas en route, que la technique utilisée agit au bout de 24 heures et que le travail dure 12 heures, on est effectivement restée plusieurs jours en salle de naissance, mais le travail en lui-même n'a pas duré tant de temps. Il est également fréquent que le prétravail soit très long pour le premier bébé sans pour autant que le travail à proprement parler le soit."

Je vais accoucher en plein milieu de la nuit.

“Vrai. Parfois. Même si l’accouchement a lieu en journée, il est fréquent que les contractions ou la rupture de la poche des eaux aient eu lieu la nuit d’avant. Il faut se préparer à avoir peu dormi avant d’accoucher.”

Il y a plus d’accouchements les jours de pleine lune.

“Ni vrai ni faux. Difficile de savoir. Je ne sais pas s’il existe des statistiques sur le sujet. Les inscriptions dans les maternités sont fixées par mois selon les capacités d’accueil, ce qui limite un peu les variations liées aux facteurs extérieurs. Actuellement, on ne sait toujours pas ce qui fait que le travail se met en route ou pas, de façon certaine en tout cas.”

Sans péridurale, je vais mourir.

“Faux. Heureusement, la douleur n’a jamais fait mourir personne.”

La piqûre de la péridurale est très douloureuse.

“Faux. La plupart du temps, elle est très bien tolérée. Elle est précédée d’une anesthésie locale. Elle est souvent moins douloureuse que les contractions. Néanmoins, c’est une anesthésie locorégionale dont la pose peut être compliquée par des facteurs médicaux propres à chaque patiente. La consultation d’anesthésie est systématique en fin de grossesse entre autres pour déterminer ces éventuels facteurs.”

Sous péridurale, je passe à côté du moment.

"Vrai et faux, selon les femmes. Certaines vivent très mal la douleur physique, qui peut même devenir traumatique psychologiquement. D'autres au contraire ne supportent pas la perte de sensations. Quoi qu'il en soit, avec les péridurales d'aujourd'hui, l'objectif reste de pouvoir sentir et bouger sans ressentir la douleur. Les patientes ont maintenant des boîtiers avec lesquels elles choisissent de réinjecter des bolus ou non en plus du débit de base continu. Le projet de naissance est là pour justement définir ce que vous attendez du moment et quelles sont vos priorités."

Sous péridurale, je risque plus de subir une épisiotomie ou les forceps.

"Ni vrai ni faux. Il est difficile de répondre à cette question pour plusieurs raisons :

1) il y a plus de multipares qui accouchent sans péridurale et les femmes qui ont déjà accouché sont moins sujettes aux forceps et aux épisiotomies ;

2) il y a plus d'épisiotomies en cas d'accouchement instrumental (forceps) ;

3) la liberté de mouvement et de position est associée à un moindre recours à l'épisiotomie.

Globalement, le taux d'épisiotomies diminue progressivement en France. Une bonne préparation à la naissance et à la parentalité aide à gérer les sensations et à mieux maîtriser les doses d'anesthésiques que les femmes ont tendance à ajouter à cause du stress ou de la douleur en fin de travail."

Si je ne demande pas la péridurale tout de suite, ce sera trop tard.

“Faux, surtout pour le premier bébé. On peut poser la péridurale à n’importe quelle dilatation sous certaines conditions. Pour poser la péridurale, il est nécessaire que l’on puisse rester assise sans bouger pendant 15/30 minutes, ce qui est parfois compliqué en fin de travail. De plus, il faut laisser le temps à l’anesthésie de s’installer et son action peut prendre 30 minutes. Il ne sert donc à rien de poser la péridurale si l’accouchement est imminent, elle ne sera pas efficace.”

Je dois forcément être en position gynécologique pour accoucher.

“Faux. En revanche, il existe des situations qui se prêtent moins que d’autres à certaines positions.”

En cas de césarienne, je ne verrai pas mon bébé sortir.

“Faux, dans la plupart des cas. Le déroulement de la césarienne dépend des équipes, mais même si un champ empêche de voir la sortie du bébé, la sage-femme qui s’en occupe à la naissance vient vous le présenter immédiatement (si son état médical le permet, bien sûr).”

Si j’accouche par césarienne, je vais avoir une énorme cicatrice sur le ventre.

“Faux, dans la plupart des cas. La cicatrice de césarienne est horizontale, juste au-dessus du pubis et n’est pas très grande. Chaque personne cicatrise différemment, mais dans la majorité des cas, il ne persiste qu'une ligne blanche dans les poils pubiens après six mois."

Si mon enfant se présente par le siège, je vais forcément devoir accoucher par césarienne.

"Faux. Cela dépend des politiques de service sur l'accouchement par le siège. Il est possible de changer de maternité si le bébé est en siège et que la maternité d'origine ne pratique pas d'accouchement ainsi. Ce dernier est malgré tout considéré comme un accouchement à risque et nécessite que certaines conditions assez strictes soient réunies pour le tenter : mesures du bassin normal, flexion normale de la tête fœtale, estimation du poids normal et accord de la patiente sont indispensables. Une analgésie péridurale est aussi recommandée et une dilatation du col devra être régulière et harmonieuse. Les facteurs de risque et la faisabilité de l'accouchement par voie basse sont réévalués pour chaque patiente lors d'une consultation dédiée. On pourra proposer une version par manœuvre externe (tourner le bébé manuellement s'il n'y a pas de contre-indication), de l'acupuncture ou des positions pour essayer de faire en sorte que le bébé se tourne avant la naissance."

Je peux choisir d'accoucher par césarienne.

"Faux souvent et vrai parfois. Habituellement, il n'est pas possible de choisir, sauf cas particuliers ou antécédents de césarienne, par exemple. Dans certains établissements privés, les pratiques sont propres à chaque gynécologue au lieu d'être définies par le service, et le choix du mode d'accouchement est possible."

Je vais forcément avoir des selles en poussant pour accoucher.

“Faux. Pas si le rectum est vide. Le bébé appuie mécaniquement dessus lors de l’accouchement par voie basse, mais s’il est vide, il ne se vide pas. En cas de stress, il est possible d’utiliser un laxatif avant. Il n’est absolument pas grave d’avoir des selles pendant l’accouchement.”

L’épisiotomie ou la déchirure vont détruire mon vagin.

“Faux, la plupart du temps. Habituellement, le périnée est une zone qui cicatrise très bien. Malheureusement, tout le monde ne cicatrise pas de la même façon et certaines déchirures/épisiotomies sont plus compliquées que d’autres. Il arrive que la cicatrisation soit longue et il existe des séquelles possibles sur la continence. Les complications restent rares. La rééducation du périnée existe en partie pour ça.”

Je peux refuser l’épisiotomie.

“Vrai. Vous avez aussi le droit de demander des explications sur l’indication du geste, même si c’est mal vécu par l’équipe. Cet acte est largement moins pratiqué qu’avant.”

J’aurai des nausées pendant l’accouchement.

“Vrai parfois. C’est relativement fréquent.”

Je vais m'évanouir pendant l'accouchement.

"Rarement vrai. Le malaise vagal ou l'hypotension sont les causes principales d'évanouissement et sont peu fréquents au moment de la poussée. Un peu plus fréquents pendant le travail, surtout sous péridurale."

Pendant l'accouchement, je n'ai pas le droit de boire ou de manger.

"Faux. Pendant le travail sous péridurale, on peut boire mais pas manger. On peut manger légèrement sans la péridurale, mais on a rarement faim en phase active de travail."

Je ne pourrai pas parler pendant l'accouchement.

"Faux. Vous pouvez chanter, crier, parler si vous en avez envie."

Je pourrai dormir pendant le travail.

"Vrai. Sous péridurale seulement."

Il y aura toujours quelqu'un de l'équipe médicale avec moi dans la salle d'accouchement pendant le travail.

"Faux, sauf en maison de naissance. La sage-femme qui est chargée du suivi du travail s'occupe de plusieurs patientes à la fois. Pendant l'accouchement, en revanche, vous n'êtes jamais seule."

Je suis enceinte de jumeaux, mon accouchement va être très long.

“Faux. Le travail en lui-même n’est pas forcément plus long. En revanche, il est souvent déclenché, ce qui peut ajouter un délai, le temps que le travail se mette en route. Il y a peu de temps entre les deux naissances. La sortie du second bébé nécessite souvent des manœuvres à l’intérieur du ventre, donc elle est rapide. On ne repousse pas pendant 30 minutes. Les critères médicaux d’avancée du travail pour des jumeaux sont les mêmes que pour un bébé tout seul. L’accouchement pour des jumeaux est considéré comme un accouchement à risque, surtout la naissance du second bébé.”

Mon/ma conjoint(e) ne va servir à rien pendant le travail.

“Faux. Il/elle a toute sa place, surtout s’il/elle le souhaite. Assurer la sécurité affective de la future maman est primordial. La naissance est une rencontre importante aussi pour le second parent.”

Après

La présence de mon/ma partenaire peut perturber notre sexualité future et son regard sur moi va changer.

“Faux, souvent. Il est important d’avoir une discussion en couple avant la naissance pour savoir ce que chacun projette et de quelle façon l’autre investit l’accouchement. L’arrivée d’un enfant fait parfois resurgir des blessures. C’est un moment où la communication dans le couple et avec les équipes de la maternité est primordiale pour que la prise en charge soit effective. Le/la partenaire peut être présent(e) sans regarder et sortir à tout moment. Son regard peut aussi changer en positif."

Se sentir mère ou père viendra immédiatement et naturellement après l'accouchement.

"Souvent faux. Certains parents ont besoin de plus de temps pour se sentir père ou mère. Il faut s'écouter et se regarder sans jugement, être patient(e) et bienveillant(e) à son propre égard et à l'égard de son/sa conjoint(e). Toutes les maternités proposent l'aide de psychologues pour les parents qui se sentent en difficulté sur le lien parent-enfant."

L'accouchement va modifier la taille de mon vagin.

"Vrai et faux. Il modifie la tonicité plus que la taille. La rééducation du périnée peut traiter ce problème. Tout dépend du type d'accouchement et des facteurs propres à chaque femme."

Après l'accouchement, c'est fini, je n'aurai plus mal.

"Faux, souvent. Tout dépend de l'accouchement. En cas de césarienne, la cicatrice peut être douloureuse, ainsi que le retour des gaz. En cas d'accouchement par voie basse, il peut y avoir des cicatrices sur le périnée, des hémorroïdes douloureuses aussi. Les tranchées (contractions après l'accouchement qui surviennent dans les 48 heures généralement) peuvent être fortes aussi, surtout à partir du deuxième enfant."

Mon ventre va dégonfler tout de suite après l'accouchement.

"Faux. L'utérus est juste en dessous de l'ombilic après l'accouchement, donc le ventre ne peut pas être plat. Tout dépend du poids initial, de la prise de poids pendant la grossesse et du nombre d'enfants. Pour le premier enfant, l'utérus est un petit peu plus petit."

Après l'accouchement, on va me prendre mon bébé tout de suite et l'emmener dans une autre pièce.

"Faux. La plupart du temps, le bébé reste contre sa mère à la naissance. Les soins sont faits dans la salle d'accouchement dans la majorité des maternités. En revanche, si le bébé a besoin d'assistance à la naissance, cela a souvent lieu dans une salle à part qui contient un matériel spécifique."

Comment soulager les contractions ?

- Respire profondément en mode yoga.
- Assise sur un *gym ball* (si tu as un *gym ball*), fais des cercles avec ton bassin.
- Assise sur une chaise, le dossier entre les jambes, appuie tes bras, repose ta tête et respire.
- Sur le sol à quatre pattes, les fesses en l'air, croise tes bras en avant et plonge ta tête dedans.
- Sur le sol à quatre pattes, dessine des huit ou le signe infini avec ton bassin.
- Marche.
- Prends une douche chaude.
- Prends un bain chaud.
- Prends du Spasfon®.
- Accroupie sur le sol, appuie ton dos contre les jambes de ton/ta conjoint(e) et demande-lui de tirer tes bras vers le haut pour te soulager.
- Debout, penche le haut de ton corps en avant, demande à ton/ta conjoint(e) d'accrocher tes bras et laisse-toi partir en arrière de tout ton poids.
- Demande à ton/ta conjoint(e) de te masser énergiquement le bas du dos avec la paume de sa main.

Quand partir à l'hôpital ?

- Si tu as des contractions toutes les 5 minutes pendant au moins 2 heures (pour un premier enfant) ou 1 heure (à partir du deuxième).
- Si tu romps la poche des eaux ou si tu as des doutes sur une fissure de la poche des eaux (tu peux la confondre avec la perte du bouchon muqueux ou une fuite urinaire).
- Si tu perds du sang.
- Si tu ne sens plus ton bébé bouger.
- Si tu as un doute sur quoi que ce soit.

COMMENT IMAGINE-T-ON CE MOMENT ?

Attention, tu n'es pas la seule à avoir des peurs liées à l'accouchement. *Breaking News* : la femme n'a pas le monopole de l'angoisse de ce moment. Il/elle a sans doute aussi des questions et des appréhensions qu'il/elle tait peut-être pour te laisser la place – que tu mérites d'ailleurs, sans aucun doute. Mais lui ordonner de se planter en salle d'accouchement sans autre discussion n'est pas la solution. De quoi tu as peur ? De quoi tu as besoin ? Mais aussi de quoi il/elle a peur ? De quoi il/elle a besoin ? C'est le moment de rétablir l'égalité dans cette expérience. Contrairement à ce que peut parfois nous faire penser (et ressentir) le corps médical en France, l'accouchement VOUS concerne. Tu n'es pas toute seule, non, et ce n'est pas ton aventure qu'à toi. Cher(ère) partenaire, c'est aussi ton affaire, pour le pire comme pour le meilleur. Prends ta place. Trouve ta place. Aidez-vous mutuellement en vous parlant de ce qui vous manque, de ce que vous attendez de ce moment *waouh* singulier.

Est-ce que tu as envie d'être là ?

Est-ce que tu as envie de couper le cordon ?

Qu'est-ce que tu as envie de voir ?

Qu'est-ce que tu as envie que je voie ? Qu'est-ce que tu as peur que je voie ?

Quelles sont tes attentes par rapport à ce moment ? Comment l'imagines-tu ?

Est-ce que tu as envie que je sois là ?

Est-ce que tu m'en voudrais si je ne coupais pas le cordon ?

Qu'est-ce que tu as peur de voir ?

MOIS 9

Devenir trois

“Quand j'étais enceinte, j'ai lu plusieurs récits sur l'arrivée du bébé dans ta vie. Le trajet en voiture depuis la maternité jusqu'à la maison qui introduit le roman *Troisième Personne* de Valérie Mréjen m'a paru super juste, et le récit de Renée Greusard qui compare la rencontre avec son fils à la rencontre amoureuse m'a littéralement fait chialer. C'est quoi au juste, aimer son enfant ? Lui faire de la place d'un coup alors qu'il n'était pas là avant ?

Je me souviendrai toujours de la première nuit passée auprès de mon fils à la maternité. Je me suis dit à la fois : “Toi, t'es là pour de bon” (vertigineux) et “Qu'est-ce qu'on va bien pouvoir faire de toi ?” (vertigineux). C'est le bouleversement le plus rapide, radical et sans appel qu'il m'ait été donné de vivre. Hier, tu n'étais pas là, aujourd'hui, tu es là pour toujours. Je crois bien sûr que l'on est génétiquement programmé pour les protéger et pour les nourrir, mais pour les aimer ?! C'est qui, celui-là ? Déjà, la fascination pour le phénomène biologique est immense. Sérieusement, c'est nous qui avons fait ça ? Ça secoue. Mais en plus, on place littéralement entre tes mains la vie d'un étranger qui dépend entièrement de toi. Lorsque nous sommes arrivés à la maison, Clément a posé le cosy sur la table au milieu du salon et m'a demandé : “Qu'est-ce qu'on fait ?” J'étais terrorisée. Oui, qu'est-ce qu'on fait, tout de suite ? Mais qu'est-ce qu'on fait dans une heure ? Qu'est-ce qu'on fait demain ? Le sentiment de vouloir rendre cet enfant comme un mauvais achat m'a traversé l'esprit un instant.

Ce n'est pas ton temps qui change, ce n'est pas ton organisation, ta disponibilité, ta vie sociale, ta vie au travail ou ta relation amoureuse (un peu, bien sûr), ce qui te bouleverse le plus, te transperce, c'est l'amour que tu éprouves et qui grandit, comme lorsque tu rencontres quelqu'un que tu vas aimer très fort et tu le sais. Tu es mal à l'aise au début, tu essaies de bien faire, tu puises ce qu'il y a de mieux en toi, tu veux séduire, tu veux donner, tu veux compatir, tu veux rassurer. Et puis tu apprends à le connaître, à l'appréhender, et tu comprends ce qu'il aime, ce qui lui fait plaisir, ce qui le dérange. Tu fais avec. Tu fais au mieux, encore. Et, au milieu de tout ça, tu te surprends aussi à vouloir recevoir, en retour, la passion que tu offres chaque jour un peu plus. Je fais depuis des mois un rêve ridicule mais récurrent. J'apprends à mon fils, à travers une leçon extrêmement sérieuse, à faire des bisous. Je lui enseigne en rêve à donner de l'amour parce que je guette quotidiennement ces signes chez lui.

Aujourd'hui, je n'ai plus peur de le casser, je ne nettoie plus sa tétine quand elle tombe par terre, ni rien de ce qui tombe par terre, d'ailleurs. Parfois, je me demande s'il a froid, mais comme j'ai peur de l'étouffement, je préfère qu'il ait froid. Quand il pleure et que je ne sais pas pourquoi, je ne m'en traumatise plus. Aujourd'hui, il est dans ma vie et je suis dans la sienne. Je ne suis pas seule à l'observer, il me montre aussi des choses et je ne me demande plus à chaque instant où je vais le poser, le "ranger". Je ne dispose pas de lui et, dans son entière liberté, un jour il me dira qu'il m'aime. Bienvenue à tous les nouveaux parents à qui ce livre aura tenu compagnie ! ”

Élisa

CE MOIS-CI

Tu es prête, il est cuit

Si ton bébé arrive maintenant, il ne sera plus considéré comme prématuré.

•

Tes hanches continuent de s'élargir et tu peux avoir mal au bassin. Si tu as un *gym ball*, utilise-le, c'est le moment.

•

Ton bébé a très peu de place maintenant. Du coup, tu peux très facilement voir ton ventre se déformer dans tous les sens quand il essaie de se déplacer. Magique ou pénible. Ou les deux.

•

Ça y est, ses organes et ses poumons sont prêts pour la vie à l'extérieur.

•

Toi, tu en as probablement marre d'être enceinte et on compatit. Tu as du mal à dormir ? C'est pénible, mais c'est presque fini. Tu as toujours ou de nouveau des problèmes de digestion. Mange ce que tu peux et en petites quantités.

•

Ton bébé n'a plus de lanugo ni de vernix sur le corps et sa peau devient de plus en plus lisse.

•

Il peut peser maintenant plus de 2,5 kg et il appuie sur ta vessie. Mais ton utérus commence à descendre et ça soulage ta respiration.

Tu continues à avoir des contractions. Si elles deviennent régulières, tu sais ce qu'il te reste à faire.

•

Ton dos est de plus en plus cambré et tes seins gonflés. Mais on le répète, c'est presque fini.

•

Ton bébé prend à peu près 250 g par semaine.

•

Il fait déjà pipi depuis longtemps, mais ce n'est que maintenant qu'il fabrique le méconium, cette substance noirâtre qui s'accumule dans ses intestins et qu'il évacuera après l'accouchement.

•

Ton bébé bouge probablement de moins en moins à cause du manque de place. Surveille quand même que tu le sentes plusieurs fois par jour. En cas de doute, bois un jus très frais ou mange quelque chose de sucré. Il devrait réagir assez vite. Sinon, va à la maternité pour vérifier que tout va bien. Non, personne ne te prendra pour une folle.

•

Tu peux perdre le bouchon muqueux ou pas. Tu peux le remarquer ou pas. Attention à la perte des eaux. Tu peux la confondre avec des pertes vaginales, si l'eau coule en toute petite quantité. En cas de doute, il vaut toujours mieux aller vérifier.

•

À la fin de ta grossesse, la tête de ton bébé mesure à peu près 10 cm de diamètre.

•

Si tu atteins le terme de ta grossesse et que ton bébé n'est toujours pas là, ne t'inquiète pas, tu seras surveillée et l'équipe médicale attendra en général 5 à 8 jours avant de déclencher l'accouchement. Ton bébé va arriver un jour. Promis.

BIENVENUE DANS LA PARENTALITÉ

Être parent

L'écrivaine américaine Sheila Heti l'a bien dit dans son roman *Motherhood*. On traduit ici librement de l'anglais : "D'un côté, la joie d'avoir des enfants. D'un autre côté, le désarroi. D'un côté, la liberté de ne pas avoir des enfants. D'un autre côté, le regret de n'en avoir jamais eu – mais qu'est-ce qu'il y a à perdre ? L'amour, l'enfant, et tous ces sentiments dont les mères parlent avec envie, comme si l'enfant était quelque chose à avoir et pas quelque chose à faire. C'est faire qui semble difficile. C'est avoir qui semble merveilleux."

On signe. C'est finalement relativement simple d'accueillir un nouveau-né dans sa vie. Mais c'est du boulot de faire grandir un bébé, puis un enfant. C'est ce taf-là qui commence maintenant, chers nouveaux parents. Mettons quelque chose au clair tout de suite pour vous deux : cher(ère) conjoint(e), que ta femme ait littéralement mis au monde cet enfant (bravo) ne veut pas dire qu'elle va en assumer la plus grande responsabilité à partir de maintenant. Et, chère mère, que tu aies littéralement mis au monde cet enfant (bravo) ne veut pas dire que tu vas en assumer la plus grande responsabilité à partir de maintenant.

Les mots-clés : esprit d'équipe. C'est ÇA qui vous tient ensemble, c'est ÇA qui vous offre un peu de sérénité (on a dit "sérénité", pas "repos"). Soyons précises pour que tout le monde comprenne bien : oui, c'est la mère qui, dans la grande majorité des cas, fait en premier le peau-à-peau avec le bébé après l'accouchement. Elle le sent contre elle. Mais toi, conjoint(e), tu as souvent le droit au premier regard ; si tu restes à côté, le bébé fixe souvent ses yeux sur toi. Puissant. Et si ce n'est pas le cas, ça sera bientôt à toi d'ouvrir ta chemise (car, oui, tu as mis une chemise – voir nos recommandations du mois 7) et de prendre ton bébé contre ta peau. Puis c'est toi qui vas l'habiller, faire les premiers soins du cordon ombilical, mais aussi, si tu le souhaites, le premier bain. Plein de premières fois.

Alors oui, il n'y a bien que la mère qui a accouché qui peut allaiter le jour comme la nuit. Mais conjoint(e), tu peux participer, lui amener le bébé pour le nourrir, le récupérer après la tétée, lui faire faire son rot et le bercer pour qu'il retrouve le sommeil. Tu peux aussi changer ses premières couches, prendre sa température, nettoyer son nez, ses yeux, ses oreilles. Tu peux aussi partir pour un moment seul(e) avec lui ou, plus tard, pour de longues balades, le nourrir au biberon, même avec le lait que sa mère aura tiré.

Tu vois ce qu'on veut dire, chère jeune maman ? N'écarte pas ton/ta conjoint(e). La relation entre l'enfant et sa mère peut être impressionnante, fusionnante, excluante. Mais l'autre a exactement la même place que toi, et c'est parfois plus simple dans le discours qu'en application. Encourage, soutiens. Et, non, ne juge pas sa manière de faire. Elle est différente de la tienne, elle n'en est pas moins valable. Tu voudrais avoir le monopole du "faire juste" pour ton enfant ? C'est extrêmement rassurant finalement de ne jamais l'avoir. Cherchez ensemble vos nouveaux rôles. Posez-vous des questions. Parlez-en. Notez les actions de l'autre (non, l'installation du siège auto dans la voiture ne s'est pas faite toute seule dans la nuit). Valorisez-vous au royaume du doute permanent. " C'est comme ça que l'on fait ? J'en sais rien..." T'en sais rien non plus ? Avancez ensemble pour inventer votre propre équipe.

L'allaitement, mes seins et ma liberté

"Tu vas allaiter ?" Ah, la grande question. Tu es enceinte de 3 mois, 6 mois ou sur le point d'accoucher et tes ami(e)s, ton/ta partenaire, tes collègues parfois, t'interrogent déjà sur la manière dont tu as décidé de nourrir ton enfant. Parce que oui, c'est un choix ! Et c'est bien là le nœud du problème. Pour que cela le reste – un choix, pas un problème –, encore faudrait-il que l'on nous informe sur les bénéfices réels de l'allaitement et que l'on nous autorise à penser aux autres possibilités sans nous juger. Si l'OMS recommande un allaitement complet et exclusif jusqu'à 6 mois, il ne faut pas oublier que l'organisation travaille sur des moyennes mondiales et que l'allaitement ne joue pas le même rôle et n'a pas la même importance – préventive notamment – dans tous les pays du monde.

On ne pourra jamais nier les avantages de l'allaitement, sauf qu'il appartient à chacune de les peser au regard aussi de ses doutes et de ses inquiétudes : vais-je avoir mal ? Vais-je abîmer mes seins ? Comment vais-je faire pour retourner au travail ? Et la plus importante : vais-je aimer ? Ouf, on est un petit peu plus jeunes qu'Élisabeth Badinter qui place justement la maternité au cœur du débat féministe et reproche aujourd'hui au courant "naturaliste" (allaitement, portage, maternage et couches lavables) de surenchérir le rôle de mère au détriment de la liberté de la femme et de son égalité avec l'homme. "Je ne ferai pas comme ma mère", disaient déjà nos mères, qui n'ont pas beaucoup allaité, il faut le dire, ou très peu de temps. Aujourd'hui, à l'inverse, on assiste à une volonté d'endosser et d'assumer sa maternité – imparfaite – parce qu'elle n'entre plus peut-être en contradiction avec le fait d'être une femme. En vrai, bien sûr, et c'est normal, tu ne sais pas ce que c'est d'allaiter, donc tu ne peux pas savoir ou décider si tu vas le pratiquer ou non et pour combien de temps. **Domitille Guelimi**, sage-femme à la maternité des Diaconesses, nous raconte.

Quels sont les bénéfices de l'allaitement pour le bébé ?

“Le lait maternel est meilleur du point de vue de sa composition et répond donc plus efficacement aux besoins du bébé puisqu'il se modifie au fur et à mesure qu'il grandit. Le colostrum, par exemple, qui est le lait des premiers jours, est un laxatif qui permet d'éliminer le méconium, les premières “selles” du bébé. Le lait maternel contient aussi plus d'anticorps et diminue donc les risques de maladies ou tout du moins en atténue les symptômes. Il est également plus efficace pour prévenir l'obésité car sa composition est plus adaptée que le lait artificiel. Enfin, dans la pratique, il induit un contact peau-à-peau avec la mère et permet psychiquement de construire un rapport de confiance. Il ne s'agit là que de quelques exemples.”

Et quels en sont les bénéfices pour la mère ? L'allaitement permet-il aux femmes de se remettre plus vite d'un accouchement ?

“L'allaitement maternel entraîne au moment de la succion du bébé la sécrétion d'ocytocine (hormone de l'attachement) qui permet une meilleure contraction de l'utérus et donc une involution plus rapide après la naissance. Ces contractions, aussi nommées “tranchées”, diminuent également les pertes de sang, préviennent l'anémie et permettent un meilleur rétablissement en suite de naissance. Aussi, des polysomnographies du sommeil ont montré qu'une femme allaitant plonge plus rapidement dans un sommeil profond de bonne qualité. Enfin, un allaitement de longue durée favorise la fonte des “mauvaises graisses”, une occasion de perdre le gras des cuisses et des fesses après l'accouchement !”

Les femmes allaitent encore peu en France par rapport aux autres pays européens. Pourquoi ?

“Plus de femmes désirent allaiter aujourd’hui qu’il y a une trentaine d’années. Mais il y a beaucoup d’abandons dans les premières semaines qui suivent la naissance. C’est surtout lié à l’accompagnement et au contexte : l’isolement des couples, le manque d’aide de l’entourage, l’absence de modèle d’une mère ayant donné le sein, la gêne également d’allaiter dans les endroits publics... Bref, on visualise plus les affiches de lait en poudre en devanture des pharmacies que d’images de femmes allaitant. Ensuite, les “maternités usines” où le personnel n’a pas le temps d’épauler ses patientes jouent aussi un rôle dans ce renoncement : un séjour de 48 heures à 3 jours seulement, des discours et conseils qui diffèrent selon les auxiliaires puéricultrices, des puéricultrices, des sages-femmes et des médecins qui tournent beaucoup sur les postes, comment s’y retrouver et ne pas être perturbé ? Les maternités n’investissent pas assez dans la formation continue sur l’allaitement. Le personnel change trop régulièrement. L’idéal, pour qu’il y ait une belle unité sur la prise en charge des allaitements, serait de faire tous les deux ans une formation pour le personnel au sein de l’établissement.”

Peu de structures en France favorisent la poursuite de l’allaitement après le retour au travail notamment. Pourquoi ?

“Le congé post-accouchement de 10 semaines est trop court pour tous les bébés, sein ou biberon. L’OMS préconise six mois de lait (sein ou biberon), mais comment faire quand on allaite ? Il y a à peu près 30 ans, le congé allaitement a été supprimé ! Quand je propose aux patientes d’éventuellement tirer leur lait sur leur lieu de travail, elles disent souvent que cela ne leur semble pas possible : pudeur, absence de pièce dédiée au repos ou d'infirmerie… Certaines m'avouent l'avoir fait dans les toilettes, c'est vraiment une honte ! On est loin des pays nordiques où une députée allaite en pleine séance sans que cela choque ces messieurs. Il y a un gros travail à faire, chez les hommes comme chez les femmes, pour comprendre qu'il y a les seins dédiés au bébé qui sont source de nourriture et les seins sexuels, pour apprendre à faire la différence."

Quels changements pourrait-on espérer et quelles sont les mesures qui pourraient favoriser un allaitement plus long ? Le/la partenaire joue-t-elle un rôle dans ce processus ?

"Il faut informer et soutenir les femmes, qu'elles se sentent moins isolées. Expliquer aux femmes enceintes comment gérer travail et allaitement, leur exposer leurs possibilités, leurs droits. Leur donner également les adresses et contacts de soutiens : PMI, conseillères en lactation, groupes de femmes allaitantes… Le/la partenaire, bien sûr, joue un rôle de soutien, de confiance. Surtout, il/elle ne doit pas entrer en concurrence avec la nourriture. Il faut partager les soins apportés au bébé, former une équipe."

Quelles sont les fausses idées autour de l'allaitement ? Allaiter abîmerait les seins, allaiter réduirait la liberté, allaiter ferait grossir, allaiter ferait mal, allaiter empêcherait de reprendre une contraception… ? Comment départir le vrai du faux ?

"Abîmer les seins ? Je dirais que non. Beaucoup de femmes ont un peu moins de poitrine après, un bonnet en moins… Il faut absolument porter un bon soutien-gorge et éviter l'arrêt brutal de l'allaitement, sevrer en douceur. Réduire la liberté ? Absolument pas. Il suffit de s'organiser. Les femmes peuvent aller presque partout avec leur bébé. Il a faim, les seins sont là, pas de biberon à trimballer. Je ne peux pas emmener mon bébé ? Je tire mon lait. Je n'ai pas envie de tirer mon lait ? J'achète à la pharmacie un lait 1er âge pour ces quelques cas où je dois m'absenter sans mon bébé. Concernant la douleur, oui, il peut y avoir au début une sensation désagréable au moment de la succion, mais c'est passager. Il peut aussi y avoir des douleurs dues aux crevasses, mais, bien épaulée par une conseillère, cela peut disparaître très vite. Si la douleur ne passe pas, il faut revoir avec une personne aidante (équipe médicale de la maternité, sage-femme libérale, consultante en lactation...) la mise en bouche du bébé. Par rapport à la contraception, enfin, la pilule progestative est compatible avec l'allaitement au sein, ainsi que le préservatif, bien sûr (avec pilule du lendemain au cas où). Un peu plus tard, la femme peut décider de se faire poser un stérilet en cuivre. Il y a beaucoup de solutions pour combiner contraception et allaitement."

Beaucoup de femmes ont peur de ne pas avoir assez de lait. Cette croyance est-elle justifiée ?

"Oui, il est difficile d'avoir une bonne lactation quand cela a démarré cahin-caha à la maternité, que l'on se retrouve seule, que le bébé a une mauvaise succion, à cause d'un frein de langue, par exemple, d'un petit rétrognatisme ou autre... Dans ces cas-là, je conseille – pour repartir sereinement et corriger ce qui ne va pas – l'aide d'une conseillère en lactation. Sans cela, oui, la production de lait sera insuffisante. Alors bien sûr, il y a une consultation à payer, mais vu l'économie faite avec un allaitement au sein, cela vaut le coup !"

Comment faire de l'allaitement un vrai choix ?

"Pour moi, chaque femme doit se renseigner sur l'allaitement, suivre le cours sur l'allaitement à la maternité. Puis elle prend sa décision : ai-je envie ou pas ? C'est son choix, ne pas allaiter ou allaiter une semaine, trois mois, sept ans, C'EST SON CHOIX."

J'allaite ou je bois ?

Qu'est-ce qui passe dans le lait ? Quels en sont les effets sur le bébé ? Des questions qui font peur et des réponses pas toujours super claires. En 2005, la Leche League publie un article que Françoise Railhet, responsable du Programme des référents médicaux de LLL France, conclut ainsi : "Bref, si on ne peut indiscutablement pas recommander la prise régulière d'alcool pendant l'allaitement, il n'existe pas non plus d'arguments réellement fondés permettant de déconseiller formellement la consommation d'une quantité modeste et/ou occasionnelle de boissons alcoolisées." Bon. Ce qui ressort en substance des nombreuses études, c'est que les effets de l'alcool ne se retrouvent pas tant directement dans le lait que dans l'impact négatif sur le réflexe d'éjection. En gros, la femme a une moindre quantité de lait dans les quelques jours qui suivent la prise d'alcool. C'est tout ? Pourtant, en France, boire et allaiter ne sont pas très copains. Parce que oui, l'alcool passe dans le lait, on ne peut pas le nier, à un taux similaire à celui présent dans le sang, mais ne modifie pas la composition du lait. Ni en bien ni en mal. Divers facteurs interviennent dans ce passage : degré alcoolique de la boisson, rapidité et quantité de la consommation, l'estomac vide ou plein, le poids de la mère. Mais, parce que la nature est "parfois" remarquablement intelligente, la réponse à l'ingestion d'alcool est différente chez les femmes allaitantes et chez les femmes non allaitantes. Une étude a ainsi montré que la biodisponibilité de l'alcool était moindre chez les femmes allaitantes : le pic sanguin est moins élevé et l'élimination plus rapide. Formidable. Concernant les effets sur l'enfant, enfin, plus le bébé est petit, plus il faudra être prudente. On manque d'études sur les effets à long terme d'une prise régulière d'alcool par la mère allaitante sur le développement neurologique de l'enfant. Les quelques textes qui existent se contredisent, certains faisant état d'un moins bon développement, d'autres ne notant rien de tel. D'où encore et de nouveau le merveilleux principe de précaution que l'on aime tant. Pour les prises occasionnelles, les spécialistes conseillent généralement de prévoir d'allaiter le bébé juste avant de commencer à boire et d'attendre un certain temps avant de le remettre au sein (2 heures minimum, mais tout cela dépend bien sûr de la quantité de verres ingérés). En Finlande, en revanche, où la durée moyenne de l'allaitement dépasse les six mois recommandés par l'OMS, on se prend bizarrement moins la tête avec tout ça. Lors d'une émission de télé consacrée à la maternité, la présentatrice, qui allaitait alors pendant le tournage, a accepté de se prêter en direct à un petit exercice : elle a consommé plusieurs cocktails (six exactement), puis s'est rendue à l'hôpital tirer son lait et constater avec un médecin qu'il y avait dedans moins d'alcool que dans une bière sans alcool ! Oui, celle-la même que tu as tant bue enceinte. Boire un verre ou deux n'est donc pas interdit, voire a des vertus relaxantes en cas de coliques aiguës du bébé. Aussi, on dit souvent qu'il vaut mieux boire un peu qu'arrêter d'allaiter complètement ! En Finlande, on considère que la prévention contre une trop grande consommation d'alcool pendant l'allaitement est plutôt une question de bon sens. Car oui, le principal problème, finalement, est bien qu'il vaut mieux être nette qu'éméchée pour s'occuper d'un bébé !

71

c'est le pourcentage d'enfants allaités à la naissance en 2017 en France. À 1 mois, ce taux descend à 50 %, dont 35 % de manière exclusive. Il est de 39 % entre 3 et 6 mois. En Finlande, 92 % des bébés sont allaités à la naissance, 68 % le sont encore à 4 mois, 58 % à 6 mois et 33 % après l'âge de 1 an.

10

c'est le pourcentage de femmes françaises qui arrêtent d'allaiter dès la première semaine après la naissance.

70

c'est le pourcentage de maternités en France qui disposent d'au moins un ou une consultant(e) en lactation certifié(e) et professionnel(le).

3

c'est, en mois, la durée moyenne de l'allaitement en France. En Finlande, elle est de 7 à 8 mois.

2 800 - 3 500

c'est, en grammes, le poids moyen d'un nourrisson à la naissance.

ET BIM, NOTRE BÉBÉ EST LÀ !

Constat du mois : tous les accouchements sont différents. Tu ne pourras rien contrôler de sa *timeline*, donc laisse tomber, lâche prise, laisse-toi faire. Oui, on va te dire de ne pas avoir peur, mais tu feras comme tu peux. Une chose est certaine, quoi qu'il arrive, tu ne seras pas seule et une équipe médicale surpuissante (c'est un vrai défilé) sera là pour répondre à tes angoisses, t'expliquer et te soulager. Difficile ici de parler d'UNE manière d'accoucher, il y en a tant. Mais, au-delà de la singularité de ton expérience, voici les repères d'un scénario qui pourrait ressembler au tien.

L'arrivée

Avant cela, tu as bien sûr perdu les eaux, ou tu as des contractions, ou tu as un doute. Tu les as appelés ou pas pour les prévenir de ton arrivée ou pour les interroger sur l'urgence de la situation. Tu as ta valise de maternité. Ton/ta partenaire la porte, soyons sympas.

Vécu : à l'entrée, peut-être que le grand bureau administratif va te demander de décliner ton identité, ton nom, ton numéro de Sécurité sociale, alors que tu es pliée en deux, agrippée au dossier de la chaise et, plus surprenant encore, va t'inviter à t'asseoir dans la salle d'attente en attendant qu'un médecin vienne te chercher (sérieusement ?). Rassure-toi, ça ne durera que 2 minutes. Simplement, ta notion du temps se dilate un peu à ce moment-là.

L'ouverture

On vérifie l'ouverture de ton col et la fréquence de tes contractions à l'aide d'un monitoring placé sur ton ventre et qui vient traquer les moindres faits et gestes de ton utérus. En gros, au vu de ces deux données, c'est là que tu vas savoir si tu restes ou si toi et ta valise pouvez rentrer chez vous.

Vécu : si tu as perdu les eaux, tu ne ressens pas toujours les contractions. Tu les verras alors pour la première fois à l'écran. C'est là aussi que ton/ta partenaire constatera que tu n'es pas une mytho.

Les préliminaires

Ça dépend des structures, des cliniques, des hôpitaux et des maternités. Tu es tout de suite amenée en salle d'accouchement ou bien directement dans la chambre où tu passeras ensuite le séjour. Tout cela est lié en réalité à la péridurale. Si elle peut être posée tout de suite (si c'est ton choix et que l'anesthésiste est disponible – très importante, la disponibilité de l'anesthésiste à ce moment-là de ta vie), tu iras en salle d'accouchement. Si tu le souhaites, elle peut aussi être posée plus tard ou pas du tout et, dans ce cas, il y a des chances pour que l'on t'invite à commencer le travail dans une chambre avec ton/ta partenaire dans un environnement moins médicalisé.

Vécu : pendant toute la durée du travail, tu as le choix de changer d'avis sur la péridurale – de ne pas la vouloir d'abord et de la vouloir ensuite, l'inverse est plus complexe, bien sûr. N'aie pas peur des récits qui racontent que plus tard, c'est trop tard. Tu as aussi le droit de demander d'autres moyens pour soulager ta douleur. Personne ne le sait, mais l'équipe médicale peut t'aider en te proposant des exercices avec un ballon, un bain, un massage, etc.

La péridurale (facultative)

La péridurale peut être posée rapidement, à savoir tôt dans la *timeline* de ton accouchement. Il est intéressant, si tu es sûre de ton choix, de "prendre" l'anesthésiste au moment où on te le propose. La suite se passe dans la salle d'accouchement. L'exercice est un peu militaire, le moment est sérieux et un peu effrayant (souvent, les

anesthésistes ne t'expliquent malheureusement rien lors du rendez-vous). Ton/ta partenaire est invité(e) à sortir car, clairement, la vue du truc peut être impressionnante, mais il/elle peut éventuellement rester côté face et te tenir les mains. L'anesthésiste se place derrière toi et fait son job pendant qu'un infirmier ou une infirmière se place devant toi, te tient les bras et t'invite à rester immobile, le dos arrondi et la tête en avant, et donc à gérer avec bravoure tes contractions. Accessoirement, quand tu connais la position avant, tu peux t'entraîner.

Vécu : si tu fais le choix d'attendre avant la pose de la péridurale, sache que l'anesthésiste n'est pas un magicien au pouvoir d'apparition et ne sera pas là à la seconde où tu exhorteras sa présence. Tu peux être obligée d'attendre un peu, 30 minutes, parfois plus... (On parle en temps non dilaté, là, le ressenti est bien plus long.)

Le travail

Là, il s'agit d'attendre la dilatation totale de ton col, à savoir les 10 cm qui permettront à ton bébé de descendre dans ton bassin afin de sortir. Et quand on dit attendre, c'est ATTENDRE. Si tu as pris ou non l'option péridurale, l'histoire est évidemment très différente. Régulièrement, une sage-femme vient vérifier l'évolution du "travail". Normalement, ça progresse régulièrement. Dans le cas contraire, on peut t'injecter des ocytocines de synthèse ou percer la poche des eaux, ce qui permet d'accélérer le processus. Si ça bloque et que ton bébé est en difficulté, c'est à ce moment-là aussi

que l'on peut décider de procéder à l'accouchement par une césarienne. Changement de scénario, donc.

Vécu : on vérifie également la position du bébé. On sait bien sûr à ce stade s'il est tête en bas ou s'il se présente par le siège. Dans le premier cas, on veille cependant à ce que le sommet de sa tête arrive en premier, un médecin peut donc éventuellement venir le tourner. Oui, avec son bras.

La poussée

Puis, lorsque ton bébé est bien descendu, on passe à la poussée. Deux respirations possibles, en apnée ou en expiration, plus doux, plus profond, plus pour le début ou pour la toute fin. La poussée dure en moyenne 30 minutes et c'est clairement le moment auquel tu es le moins préparée. La sage-femme se place entre tes jambes, l'infirmière t'empoigne le bras et toutes les deux en cœur te crient : "Allez-y, madame, poussez !" Oui, exactement comme toutes les images que tu pouvais avoir de ce moment. Pardon ! Tu as un peu oublié la présence de ton/ta partenaire à qui tu essaies de donner un rôle malgré tout et qui essaie de s'en trouver un en vertu de tout. Désolée, ou au contraire bonheur et soulagement, on va devoir parler de "caca", ici. Oui, tu es gagnée par une sorte de cauchemar qui t'obsède comme si tu avais 4 ans : est-ce que tu vas "faire caca" en accouchant ? Eh bien, tu as le droit d'avoir peur car cette idée n'est pas si stupide et absurde que ça ! Le "caca" est bien le *leitmotiv* de tout le projet, en fait. Non seulement il arrive que certaines femmes aient des selles au moment d'accoucher, mais

en plus, la formidable équipe qui t'entoure t'exhorte à pousser... comme si tu allais aux toilettes. Voilà.

Vécu : gardons de cela le fabuleux esprit d'équipe sportive à l'œuvre, la puissance des encouragements, l'expérience collective.

L'expulsion

En deux phases le plus souvent, d'abord la tête, qui peut faire quelques dégâts (c'est le passage de la tête qui est responsable des déchirures et épisiotomies), puis le corps, qui "glisse tout seul", on a envie de dire, même si l'expression n'est pas super bienvenue. Attention, si ton bébé se présente par le siège, c'est un changement de scénario qui s'annonce encore ici. Ce que tu sens et ce que tu entends pendant ce moment est évidemment du registre du sensible et du singulier. En général, un cri de victoire de l'équipe t'indique que c'est terminé, et un petit cri tremblotant et plus fébrile t'informe qu'un nouvel être est parmi vous.

Vécu : tu crois que c'est terminé, mais non ! Les contractions reprennent et s'ensuit l'expulsion de ton placenta, sorte de gros *steak* impressionnant que tu n'imaginais pas du tout comme ça.

La rencontre

Quand l'équipe te présente ton bébé, ne sois pas étonnée, il peut être bleu, fripé, couvert de sang et de liquide amniotique, il peut avoir une tête un peu "conique" selon le temps qu'il a passé dans ton bassin, ses yeux sont

fermés et gonflés, mais tout cela bouge très vite dans les jours qui suivent l'accouchement. Tu seras surprise aussi par le cordon ombilical, très, très, très long, très, très, très vert et blanc. Après l'avoir coupé ou suggéré à ton/ta partenaire de le couper – chose qu'il/elle ne voudra peut-être pas faire, ça arrive plus souvent qu'on ne le croit (c'est un rôle bien drôle qu'on leur donne à ce moment-là de l'aventure, encore histoire de leur donner quelque chose...) –, on place le bébé sur toi contre ta peau. Ce moment est plus ou moins long en fonction de son état de santé, de ses besoins, de sa température, de sa respiration, etc. Pendant ce temps, une sage-femme ou une infirmière s'attelle à remettre de l'ordre entre tes jambes, te recoudre si nécessaire.

Vécu : il est étonnant de voir qu'un bébé peut se hisser jusqu'à ton sein en se guidant juste à l'odeur. C'est notre ode à la nature, là.

Les premiers tests

Chiffres tant attendus, on pèse ton bébé. Depuis 2017, en revanche, et dans certaines maternités, on ne mesure plus les bébés à la naissance pour éviter de trop les "déplier"... On passe ensuite aux tests des réflexes archaïques et score d'Apgar, qui permettent d'évaluer l'état de santé du nouveau-né, on prend sa température pour bien veiller à son réchauffement – on ne le baigne pas ou plus parce que l'on s'est rendu compte que le liquide qui l'entourait le protégeait mieux et le réchauffait plus rapidement, deuxième ode à la nature – on l'habille et/ou on l'emmaillote.

Vécu : si tu as opté pour une taille naissance, il y a des chances pour que tu doives retourner chercher dans ta valise des vêtements plus grands. Le précieux petit paquet que tu auras préparé pour la salle d'accouchement n'aura servi à rien...

GROS MOT

Score d'Apgar

Le score d'Apgar est une évaluation de la vitalité d'un nouveau-né reposant sur la simple observation au moment de sa naissance. Sa valeur est essentiellement un pronostic de la mortalité néonatale et d'anomalies neurologiques. Il fut développé en 1952 par une médecin américaine, Virginia Apgar. Il est utilisé dans le monde entier, car il est valable pour toute la population mondiale, quelles que soient les considérations de génétique. Le score d'Apgar est une note globale attribuée à un nouveau-né à la suite de l'appréciation de cinq éléments spécifiques : la coloration de la peau (apparence), le rythme cardiaque (pouls), la réactivité (grimace), le tonus (activité) et la respiration (respiration). Chacun des éléments est noté de 0 à 2 points. Le résultat total permet l'évaluation globale de l'état de santé du nouveau-né. Le résultat maximal est de 10, suggérant la meilleure condition de santé possible, alors qu'un score en dessous de 7 est le signe d'une détresse. L'évaluation est réalisée 60 secondes après la naissance, ainsi qu'à 5 minutes. En cas de scores faibles, l'examen peut être répété à 10, 15 et 20 minutes. Le score à 5 minutes se veut davantage prédictif que celui à 60 secondes, dans les cas où il est sous la normale.

Le retour dans la chambre

Les effets de la péridurale se dissipent plus ou moins rapidement. Dans tous les cas, tu repartiras en chaise roulante dans ta chambre. Tu t'y mettras seule ou un infirmier viendra t'y glisser en fonction de l'état d'éveil de tes jambes. Une fois dans ta chambre, vient le moment de la première levée, où tu dois IMPÉRATIVEMENT appeler une sage-femme pour qu'elle t'aide à te remettre en position verticale – tu y arriverais seule la plupart du temps, c'est par mesure de précaution. Là, on va te proposer un repas, mais ton/ta partenaire est déjà parti(e) chercher des sushis. Attention, arrivent rapidement quelques sensations et joies post-accouchement sur lesquelles on va essayer de passer vite : quand ton corps se réveille de l'anesthésie, tu peux avoir la sensation qu'un camion t'a roulé dessus – oui, à ce point –, tu saignes beaucoup et on te donne des slips jetables accompagnés d'énormes serviettes hygiéniques qui ressemblent à des couches, une infirmière va régulièrement passer vérifier si tu as eu des selles (le "caca" encore), et, si ces dernières tardent trop, va te filer un truc pour accélérer le processus (le "caca" encore), uriner peut ne pas être super simple non plus. Ah, et tu peux avoir des hémorroïdes, mais, merveille, on va te proposer plein de médicaments sympas pour venir à bout de tous ces maux.

Vécu : embrasse l'incroyable sentiment de pouvoir qui t'envahit quand tu traverses les couloirs de la maternité, ton bébé dans les bras et couverte de sang. Tu l'as fait et tu as survécu.

La première nuit

C'est la nuit de la grande surveillance. Une sage-femme, des sages-femmes, des infirmiers, des infirmières, vont aller et venir dans ta chambre, surveiller sa température, ta température, son taux de glucides, ta tension. C'est aussi une nuit qui ne diffère pas du jour, puisque tu ne dors pas. Il faut savoir qu'un bébé ne se réveille pas systématiquement pour manger pendant les premières 24 heures de sa vie. Pas de panique, l'équipe médicale est là ! Joie. C'est aussi là que tu vas rencontrer les premières selles noir pétrole de ton bébé : le méconium, substance visqueuse qui colle. Joie de nouveau.

Vécu : si tu tombes sur une sage-femme qui n'est pas super aidante, patiente ou compréhensive par rapport au processus de l'allaitement, sache qu'il y a dans chaque maternité un(e) conseiller(ère) en lactation vers qui tu peux te tourner. Attention, précision importante, tu peux avoir l'impression de mourir une seconde fois si tu allaites ton enfant : l'allaitement provoque en effet des contractions utérines, mais rassure-toi, ça s'arrête là.

Le deuxième jour

C'est le jour de la grande invasion. Visites médicales, visites amicales et visites familiales. Une assistante de puériculture vient faire avec toi le premier bain du bébé et t'explique les soins à prodiguer : nettoyage des oreilles, des yeux, etc. Un(e) pédiatre vient vérifier sa bonne santé et ses bons réflexes. Un(e) ostéopathe peut venir checker la position et la forme de sa tête,

on procède à un examen complet de son ouïe et on dépiste une éventuelle jaunisse (très courante chez les nourrissons). C'est aussi le jour de la visite du mec de l'état civil qui vient relever l'identité de ton enfant. Si tu es dans une clinique, il faudra te rendre directement à la mairie avec le certificat de naissance, le livret de famille ou la reconnaissance anticipée. Ton/ta partenaire a normalement 48 heures pour le faire, car toi, tu es un peu débordée, désolé.

Vécu : ta meilleure amie peut te rendre visite au moment où l'infirmière vient te parler de ta future contraception et ça peut faire un peu embouteillage dans la pièce comme dans ta tête.

La sortie

C'est le jour de la grande pesée. Alors que ton bébé a perdu du poids jusqu'à présent – et c'est normal –, aucune maternité ne te laissera franchir le seuil de la sortie si sa courbe ne s'inverse pas positivement à ce moment-là. C'est la grande évaluation avant le grand départ. On va également te proposer de réaliser le test de Guthrie (non obligatoire) par une prise de sang. Tu pourras aussi prendre rendez-vous avec une sage-femme pour ton suivi et celui de ton bébé les premières semaines après l'accouchement. Ton cosy en poche, en quelque sorte, vous allez pouvoir rentrer chez vous, famille.

Vécu : tu as envie de remercier pour toujours et à jamais la sage-femme qui t'a aidée à mettre au monde ton enfant ? N'hésite pas à le lui faire savoir. Oui, tu ne la reverras jamais.

INFO *

Test de Guthrie

Avant de quitter la maternité et dans les trois jours qui suivent la naissance du bébé, le/la pédiatre va vous demander l'autorisation de réaliser le test de Guthrie, de Robert Guthrie, son créateur, médecin américain (1916-1995). Ce test existe depuis 1978 en France et reste non obligatoire : vous pouvez évidemment le refuser, mais il est plus que fortement conseillé. Pourquoi ? Parce qu'il permet de détecter de graves maladies qui, si elles ne sont pas prises en charge dès la naissance, sont incurables et entraînent d'importants retards mentaux et/ou physiques. Les maladies dépistées sont aujourd'hui au nombre de cinq (la phénylcétonurie, l'hypothyroïdie congénitale, l'hyperplasie congénitale des surrénales, la drépanocytose et la mucoviscidose) et dont les parents ne se savent pas forcément porteurs du gène. Elles sont donc indétectables à la naissance si une analyse de sang n'est pas faite. Les diagnostiquer permet de traiter immédiatement le bébé et d'en reculer considérablement, voire d'en annihiler, les possibles effets. Évidemment, le test est pris en charge à 100 % par l'Assurance maladie.

QUE NOUS EST-IL ARRIVÉ ?

OK, tu as accouché et tout s'accélère. Le mot d'ordre bascule : "Le bébé va bien, tout va bien !" Et vous, alors ? Qu'est-ce que vous avez vécu ? Ressenti ? Éprouvé ? Qu'est-ce que vous avez eu envie de vous dire ? Qu'est-ce que vous vous êtes vraiment dit ? C'est le moment peut-être de débriefer ensemble de l'accouchement : temps crucial, point de départ de tout ce qui va suivre. On le balaye souvent un peu vite, cet instant T qui cristallise pourtant ces neuf mois de grossesse. Et si on faisait le point ?

Qu'est-ce que tu as envie de me dire maintenant ?

Ça va ?

Comment tu te sens ?

Est-ce que tu es déçu(e) ?

Quel est ton pire souvenir de cette expérience ?

Quel est ton meilleur souvenir de cette expérience ?

Est-ce que tu veux qu'on parle de l'accouchement ? De comment ça s'est passé ?

Comment tu qualifierais notre grossesse ensemble ?

Est-ce que tu es content(e) de la manière dont ça s'est passé ?

Oui, c'est plus facile à dire qu'à faire, on le sait. Avoir un bébé, élever un enfant, devenir trois, ou plus ou moins trois, est une galère. Il y a peu de repères, pas de bons et de mauvais choix, pas de territoire clair. Personne n'a raison ou tort et c'est un enfer. Le mieux que tu puisses faire est de te répéter un maximum de banalités qui peuvent te paraître affligeantes mais qui sont assez justes : te faire confiance en tant que parent. Être patient. Être gentil avec toi-même. Non, ce n'est pas naturel, non, ce n'est pas "inné" (première occurrence du mot dans le livre – c'est pour mieux vous dire au revoir), mais ça vient, plus ou moins vite, facilement, sûrement, intensément. Oui, ce fut long, oui, ce fut dur, oui, ce fut intense, oui, ce fut beaucoup, mais aujourd'hui, ce projet appartient au reste de ta vie, tes désirs, tes amours, tes amis. On vous souhaite bon courage, chers nouveaux parents. **Soyez forts, soyez intelligents, soyez égaux, soyez ensemble.**

MERCI à

Clément et Tom pour former avec nous les meilleures équipes du monde et veiller à être nos égaux.

Ariane et Olivia pour nous avoir encouragées (poussées ?) à faire ce livre en nous donnant toute leur confiance.

L'ensemble des spécialistes que nous avons interrogés pour avoir donné de leur temps et de leur énergie, par mail, au téléphone, et de visu, entre deux consultations, deux écrits ou en plein milieu des révisions du baccalauréat de leurs enfants.

Nos très cher(ère)s ami(e)s, compagnons de toutes les routes, pour ne pas nous avoir prises pour des folles de nous aventurer dans l'écriture d'un ouvrage sur la grossesse et pour les précieux échanges et discussions sur le sujet.

Maggie Nelson, Renée Greusard, Sheila Heti, Eula Biss, Chimamanda Ngozi Adichie, Joan Didion, Minna Canth, et d'autres auteures pour nous avoir inspirées et fait rire.

Nos parents Dany, Michel, Kirsti et Seppo pour avoir fait de leur mieux, ce qui est ÉNORME.

Et enfin, nos sages-femmes, qui nous ont accouchées, qui nous ont préparées, qui ont rééduqué nos périnées, soulagé nos engorgements de seins, donné leur 06 pour rester joignables en cas de besoin. Elles constituent un socle puissant dans l'aventure de la parentalité, ne cessons jamais de défendre leurs droits.

Imprimé par Liberduplex en Espagne
pour le compte des éditions Marabout (Hachette Livre)
58, rue Jean Bleuzen, 92178 Vanves Cedex
Dépôt légal : janvier 2022
ISBN : 978-2-501-17645-3
8976819 – Ed 01